铁路固化弹性道床结构
设计与应用

王　红　郄录朝　徐　旸　著

中国铁道出版社有限公司

2023年·北　京

图书在版编目（CIP）数据

铁路固化弹性道床结构设计与应用 / 王红，郄录朝，徐旸著.—北京：中国铁道出版社有限公司，2023.2
ISBN 978-7-113-29802-9

Ⅰ.①铁…　Ⅱ.①王… ②郄… ③徐…　Ⅲ.①道床 - 结构设计 - 研究　Ⅳ.①U213.7

中国版本图书馆 CIP 数据核字（2022）第 207874 号

书　　名：铁路固化弹性道床结构设计与应用
作　　者：王　红　郄录朝　徐　旸

责任编辑：赵雅敏　张　婕　　　**编辑部电话：**（010）51873141
封面设计：尚明龙
责任校对：刘　畅
责任印制：高春晓

出版发行：中国铁道出版社有限公司（100054，北京市西城区右安门西街 8 号）
网　　址：http://www.tdpress.com
印　　刷：北京盛通印刷股份有限公司
版　　次：2023 年 2 月第 1 版　2023 年 2 月第 1 次印刷
开　　本：880 mm×1 230 mm　1/32　**印张：**6.5　**字数：**120 千
书　　号：ISBN 978-7-113-29802-9
定　　价：50.00 元

序

高速铁路轨道技术是高速铁路关键核心技术的主要组成部分。我国高速铁路在设计速度 300 km/h 及以上线路上采用了平稳性好、少维修的无砟轨道，在设计速度 250 km/h 线路上采用了造价低廉、可维修性好的有砟轨道。当前，我国已经建成“四纵四横”高速铁路网络，覆盖了东北高寒地区、西北极旱及高原地区、中东部深厚软土地区、华南高温潮湿地区以及西部复杂艰险山区。随着线路的运营，无砟轨道铺设完成后维修困难，一旦出现问题对高速铁路正常运营造成的影响较大，有砟轨道维修工作量大且高速条件下道砟飞溅，轨道结构与复杂地质和气候环境的适应性问题也相继出现，这些影响了高速铁路运营安全和效率，并且成为我国高速铁路发展中亟须解决的关键技术问题。

固化弹性道床在这种背景下应运而生，成为继散体道床、无砟道床之后的第三种道床形式。王红研究员和她的团队最早在武汉江岸特大桥铺设的聚氨酯固化弹性道床已历经 10 余年的运营考验，服役状态良好，未发生与道床相关的养护维修工作；在瓦日铁路桥梁和隧道区段铺设的聚氨酯固化弹性道床，在 30 t 轴重作用下各项动力学指标良好；在济青高速铁路活动断裂带区域铺设的聚氨酯固化弹性道床，最高试验速度达到 398.7 km/h；在京张高速铁路突破道岔区固化弹性道床关键技术，实现了在各种线路条件下的应用。研究团队历经十余年，建立了设计计算理论和方法，研发了聚氨酯材料及施工工艺和装备，构建了聚氨酯固化弹性道床标准体系，形成了铁路固化弹性道床结构设计方法和成套技术，研究成果达到国际领先水平。

固化弹性道床是在散体道床内浇注高分子材料，使其沿着散体道床的空隙渗入道床底部，在道床内经发泡、膨胀挤满道床内空隙，形成一种高分子材料包裹碎石道砟的整体结构，从而能够显著增强道床阻力，提高轨道结构的稳定性；能够改善道床刚度和韧性，提高轨道结构对基础变形和活动断裂带的适应性；能够减小道床累积变形，成为少维修的轨道结构。固化弹性道床兼备了无砟轨道高稳定、少维修和有砟轨道高弹性、可维修的特点，具有广阔的应用前景。

《铁路固化弹性道床结构设计与应用》系统总结了十余年研究成果，介绍了固化弹性道床结构计算理论、设计方法、聚氨酯固化材料制备、施工工艺和装备及养护维修方法，系统性强，内容丰富，是固化弹性道床结构的开山之作。该书的出版对推动我国铁路技术发展、促进铁路科技进步具有重大意义，可作为铁路设计、施工、运维工作人员及科研人员的参考书，也可作为高等院校研究生教材。

中国工程院院士 

前言

轨道结构与高速运行的车轮相接触，响应的状态是决定列车运营安全的直接因素。目前轨道结构主要可分为有砟散体道床轨道结构和无砟整体道床轨道结构两大类。有砟轨道具有建设费用低、建设周期短、易于维修等优点。但由于有砟轨道主要由级配碎石道砟组成，在列车的循环荷载作用下，道砟颗粒间会因发生相互错动而达到进一步密实，从而引起道床的宏观累计沉降。此外，构成散体道床的道砟颗粒会在轨枕的拍打与颗粒间的相互作用下产生破碎和粉化，道砟磨耗粉化所形成的碎屑与外部风沙刮入的颗粒会在雨水的作用下逐渐渗入道砟颗粒间的孔隙并逐渐沉积下来，引发道床脏污。随着道床的累积沉降及道床脏污日益加重，道床的弹性会被逐渐削弱，道床的排水性能也随之降低，进而导致行车品质下降等问题。据不完全统计，轨道沉降中 90% 以上均是由道床下沉引起的，而 80% 以上的养护维修工作如捣固、清筛等，是针对道床状态劣化而开展的，散体碎石道床一直是有砟轨道结构中的最薄弱环节。此外，当列车运行速度达到 300 km/h 以上时，在列车空气动力和车轨动力共同作用下，散体道床表面小粒径的道砟颗粒容易发生飞离道床，出现击打列车转向架、车轮及钢轨踏面等处的飞砟现象，对列车的运行安全造成威胁。

日本、德国、中国等国家在高速铁路设计时，尤其在300 km/h及以上的高速铁路设计时倾向于采用无砟轨道结构。但随着运营实践经验的积累，各国普遍注意到无砟轨道铺设完成后维修困难，一旦出现问题对高速铁路正常运营造成的影响较大。此外，随着时间的推移，无砟轨道和有砟轨道会产生服役状态劣化的问题。其中，无砟轨道由于其结构本身的特殊性，破损修复较困难，尤其是当遇到地震、泥石流冲毁路基等自然灾害或极端气候时，破坏后更难以修复。

因此，针对下部基础不稳定且不具备频繁养护维修条件的特殊区段，既有的有砟或无砟轨道结构均无法适用，亟需研发新型轨道结构，以满足特殊区段轨道结构的需求。在这一背景下，中国铁道科学研究院集团有限公司牵头研发了聚氨酯固化弹性道床技术。聚氨酯固化弹性道床是在已经达到稳定的有砟道床内浇注聚氨酯混合料，在道砟间完成发泡、膨胀和凝固，挤满道砟间的空隙，同时牢固粘结道砟颗粒，形成的弹性整体道床结构，兼备了传统有砟轨道和无砟轨道优点，为解决我国特殊区段轨道选型问题提供了一种新的解决方案，目前已在我国的高速铁路、重载铁路及城市轨道交通的轨道结构中得到了广泛应用，并在济青高速铁路创造了我国有砟轨道结构最高试验速度398.7 km/h的纪录。

全书共分八章。第1章主要介绍了刚性固化道床与弹性固化道床技术的发展历程、结构性能差异及应用情况。第2章重点针对聚氨酯固化弹性道床的合理浇注断面设计进行了介绍，在从理论角度分析有砟道床内部荷载传递机理的基础上，综合考虑结构技术经济性及与上、下部结构间相互匹配，提出了双梯形的枕下浇注断面。第 3 章重点介绍了聚氨酯固化材料的性能及要求，主要涉及材料的力学性能、耐久性能、环保性能等方面，并提出了固化道床聚氨酯材料性能的检测指标及控制标准。第 4 章重点介绍了聚氨酯固化弹性道床的结构力学性能，主要通过圆筒试验及实尺模型试验对聚氨酯固化弹性道床的单次荷载变形特性及累计变形特性进行了试验研究，并提出了聚氨酯固化弹性道床力学特性的标准化测试方法。此外，还探讨了浇注过程中因材料发泡所引起的施工中轨道结构变形特性及其控制措施。第 5 章重点对聚氨酯固化弹性道床的施工工艺流程、烘干及浇注等关键作业环节的作业参数、装备进行了介绍。第 6 章针对既有聚氨酯固化弹性道床的典型工程案例及运营维护情况进行了介绍，其中典型工程案例包括以瓦日铁路为代表的重载铁路，以济青高速铁路为代表的高速铁路，以北盘江特大桥、京张高速铁路道岔区等为代表的特殊区段线路。第 7 章对以特殊扣件调整、起道注浆等手段为主的聚氨酯固化弹性道床分级养护维修预案进行了介绍。第 8 章对聚氨酯固化弹性道床的经济效益、社会效益及聚氨酯固化弹性道床技术的发展趋势进行了介绍。

本书撰写过程中，得到了中国国家铁路集团有限公司、国家铁路局、中国铁道科学研究院集团有限公司，国家自然科学基金委员会，中铁第一勘察设计院集团有限公司、中铁二院工程集团有限责任公司、中铁第四勘察设计院集团有限公司、中国铁路设计集团有限公司、中铁工程设计咨询集团有限公司等设计院，北京交通大学、西南交通大学等高校，北京局集团有限公司、上海局集团有限公司、武汉局集团有限公司、济南局集团有限公司、西安局集团有限公司、广州局集团有限公司、成都局集团有限公司等铁路局集团公司，上海华峰集团、徐州工程机械集团有限公司等单位的大力支持与帮助。本书还参考了最新颁布的相关规章规范和国内外文献。在此，对上述单位的支持和帮助一并表示感谢！

作者水平有限，不当、疏漏之处在所难免，恳请广大读者批评指正！

作　　者

2022 年 12 月

目录

第1章

碎石道床的种类及特点

传统碎石道床在轨道结构中起着承担和传递荷载的作用，并保证路基顶面荷载在允许范围内。为了减少碎石道床的粉化，增强轨道结构稳定性，采用刚性和弹性材料对碎石道床进行固化，其中，聚氨酯固化弹性道床具有高韧性，弹性持久保持和维修方便是其突出的性能优势。

1.1 碎石道床及其特性

1.1.1 散体碎石道床

铁路是国家重要的基础设施和环保高效的交通工具，在综合交通体系中占有重要地位，对经济和社会的全面、协调、可持续发展有着重要的促进作用。铁路按轨道结构分为有砟轨道和无砟轨道。无砟轨道是线路道床部分采用混凝土整体浇筑而成的轨道结构，其具有平顺性高、几何形位保持能力强、养护工作量小等优点，但无砟轨道的线路方向和高低的调整范围较小，一般为 25 mm 左右，所以对其施工及线下基础工后沉降要求较高。无砟轨道的施工成本较高，一旦发生线路病害很难维修，尤其是路基不稳定地段采用无砟轨道整体道床的后期病害整治工作较难，资金投入也较大。

有砟轨道是指轨下基础为石质散粒道床的轨道，通常也称为碎石道床轨道，是轨道结构的主要形式之一。相对于无砟轨道而言，有砟轨道具有弹性良好、造价低廉、更换与维修方便、吸噪特性好（噪声传播范围小）、建设周期短等一系列优势。理想情况下，道床应保持饱满、均匀、密实、富有弹性的状态。

由于碎石道床是保持有砟轨道几何形态的唯一外部约束，也具有线路平面几何形状不易保持，养护维修工作量大等缺点。从服役伊始，有砟道床的主要物理、力学状态就是一个不断劣化的过程。例如在列车的循环荷载作用下，道砟颗粒间会发生相互错动，从而引起道床的累积沉降；道砟颗粒会在轨枕的拍打和颗粒间的相互作用下产生破碎及粉化的现象；道砟磨耗粉化所形成的碎屑与外部风沙刮入的粉尘会在雨水的作用下逐渐渗入道砟颗粒间的孔隙并逐渐沉积，引发道床脏污。随着道床的累积沉降及道床脏污的日益加重，道床的弹性会被逐渐削弱，道床的排水性能也随之降低，进而导致行车品质下降等问题。一旦与路基结构发生耦合劣化，容易形成道床翻浆冒泥、道床板结、道砟囊等病害。如处理不善，会引起碎石道床状态的进一步恶化，产生线路的几何不平顺，甚至影响列车的行车安全。道床劣化如图 1.1 所示。

（a）道砟破碎　　（b）道床脏污

图 1.1　道床的劣化

因此，必须对有砟道床进行以起道、捣固、清筛为主的日常养护维修作业。尤其是在高速运营条件下，随着行车速度的提高，轨道破损和变形加剧，从而使维修工作量显著增加，维修周期明显缩短。

有砟道床的捣固作业是线路维修的基本作业。当把轨道框架抬高到设计位置后，随即对轨枕底部的道砟进行捣固，使道砟处于密实状态，以保持起道后的轨道几何位置，同时还要求轨面平顺，并且在捣固时注意过渡段的处理。有砟道床捣固作业周期通常约为一年一遍。

有砟道床的清筛作业一般是指采用大型专业机械将道床中的道砟与脏污进行分离，并补充道砟进行回填的作业。仅开行动车组或与普速列车混跑的高速铁路线路，道床清洁、含土量低、密实度较好，一般 8~10 年清筛一次。清筛作业中，一般补充道砟约 600 m^3/km。此外还有大量的机械使用费、捣固费用、工费、保养等费用，成本较高。高速铁路有砟轨道应根据道床不洁程度有计划地进行清筛，保持道床弹性和排水性能良好，防止轨枕空吊和道床翻浆。

此外高速运营条件下，由于气动效应及列车振动的耦合作用，道床表面小颗粒会发生飞离道床击打车轴的飞砟现象，这是制约时速 300 km 以上高速有砟轨道结构发展的关键技术难题。

综合而言，既有的无砟轨道、有砟轨道结构各有其优缺点，而有砟轨道具有更悠久的历史，在适用性和可维修性方面更具优势，但也存在线路平面几何不易保持，养护维修工作量大的缺点。这主要是由于传统有砟碎石道床主要由散粒体道砟组成，其在循环荷载作用下的变形特性是导致道床状态劣化的根本原因。

1.1.2 碎石道床的变形特性

碎石道床在整个加卸载过程中会产生两类位移，第一类是在受外荷载作用下，道床会产生一定量的弹性变形，该部分变形可随卸载而恢复；第二类则是整个卸载过程完成后，道床所产生的残余变形，卸载后难以恢复，这是导致碎石道床需要进行频繁养护维修的主要原因。

残余变形是由于散粒体的可变性而引起的，其机理是碎石道床内部结构所组成的稳固接触点数量不够，或者是既有稳固接触点被破坏所产生。在卸载之后，稳固接触点数不够会导致散粒体颗粒转移到新的更加稳定的平衡位置，既有稳固接触点被破坏，从而发生散体道床内部的局部结构重组。残余变形通常不可恢复，并带有断裂性质。需要说明的是，残余变形与塑性变形是有区别的，前者有可能在体积不变的情况下发生，而后者与体积变化有关系。

由残余变形引发的道床沉降大致可分为两个阶段，第一阶段是道砟内部稳固的接触骨架未形成，少数荷载即可产生大量沉降；第二阶段是道床稳定后，碎石骨料形成稳固的承力骨架，荷载作用次数与道床沉降基本呈线性关系，如图 1.2 所示，残余变形的叠加就会形成道床的累积变形，如图 1.3 所示。

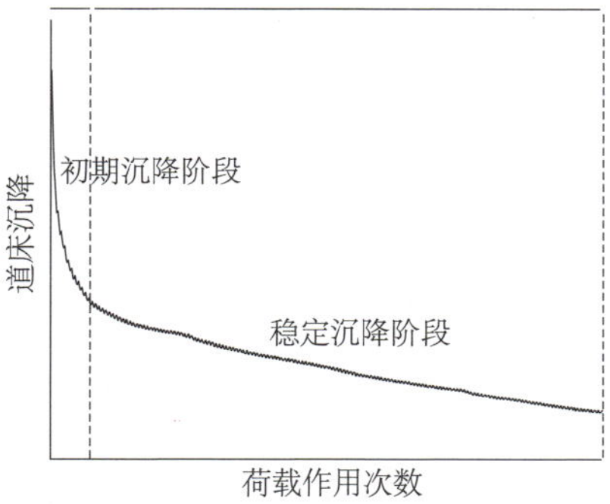

图 1.2　道床沉降规律

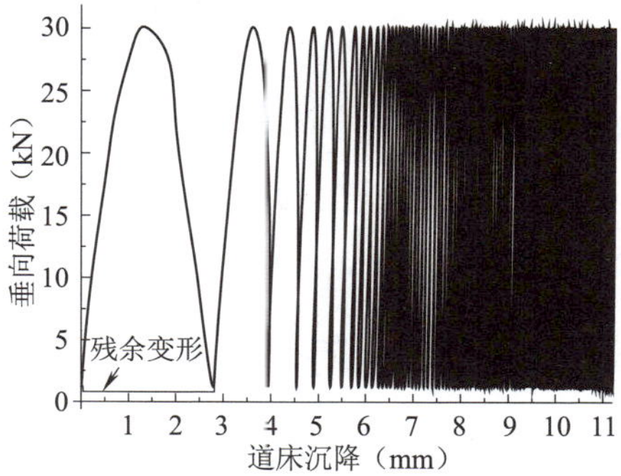

图 1.3　道床残余变形

从细观角度来说，散体道床在逐渐密实的过程中具有如下特点：

（1）在具有刚性边界的容器内，散粒体表面压力的增大将导致散粒体密实以及空隙比的减小。

（2）散粒体颗粒之间的接触多为点接触，接触点上的实际应力，超过以连续介质模型为基础计算得到的平均应力数倍甚至数万倍。大多数情况下，虽然平均计算应力不大，但是接触点的实际应力已大到使变形带有细观塑性变形的性质。

（3）颗粒之间的接触点面积并不是固定不变的，而是随着作用力的增大而增大。

这些都使作用在散粒体上的力与其变形之间的关系呈现出非线性关系，导致刚性颗粒散体结构的加卸载曲线具有滞回圈，如果预先不压密，加载线的起始段往往朝荷载轴方向呈凸形，并且没有反弯点。卸载时，加载结构在散粒体回弹力的作用下稍向上回升，并且回升位移也具有曲线特征。随着荷载作用次数的增加，重复加载曲线与第一次加载的曲线有较大差异。在重复加载、卸载时，卸载曲线的曲率和倾斜度将随循环次数的增加而逐渐减小，滞后椭圆亦减小。多次加载、卸载作用后，散粒体的结构将发生较大的变化，这种现象称为散粒体的“硬化”。散粒体“硬化”和金属材料中称为“冷硬”的现象非常相似，使得道床在足够数量的循环荷载作用后呈现出较高强度的线弹性。

值得指出的是，振动能使散粒体密实，但不能使其硬化。相反，振动会使已经形成密实道床的硬化程度降低。其影响主要包括：①由于尖角接触破坏而代之以钝角接触；②由于结构变形使接触点总数随重复加载次数而增加，并使接触点上的荷载分布随循环加载次数而变得均匀；③为了完成结构变形，振动也会引起颗粒的无规则运动并导致它们之间相互位置的变化。因此，已经形成的接触会消失，新的接触会产生，从而降低前次加载所造成的硬化。为了恢复硬化，需在振动后再进行多次重复加载、卸载。道床弹性性能如图 1.4 所示，如道床为理想的线弹性，则其沉降位移与压强之比应为定值。但真实情况中，道床在服役过程中的累积变形等因素会导致其在压强增大时呈现出弹模逐渐增大的道床软化现象。

聚氨酯固化弹性道床的机理就是使散体道床的力学状态保持在合理的“硬化”区间，且可以大大减少道床的残余变形。

随着工程材料技术的发展，世界各国均尝试采用外加剂对道砟进行粘结固化，从而对散体碎石道床的变形特性进行改进。根据道砟粘结材料的力学性能，其应用分为刚性粘结和弹性粘结两大类。

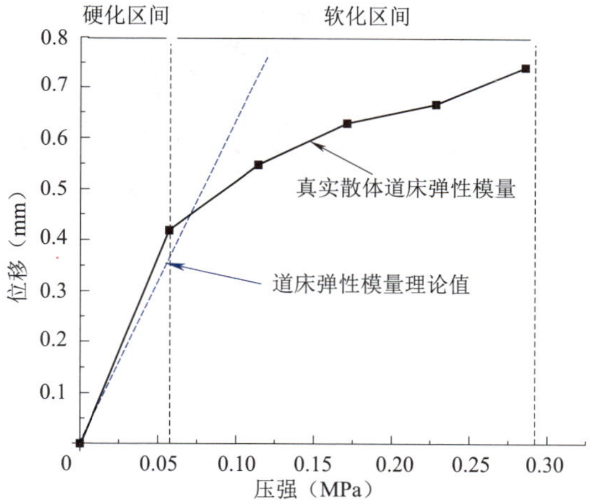

图 1.4　道床弹性性能

1.2　刚性道砟胶固化道床

刚性道砟粘结技术特别强调是在道砟的表面和接触点上进行粘结，而非注入到道砟的空隙中，其目的是改善过渡段刚度均匀性，提高轨道的稳定性，其应用范围比较广，包括路桥、路隧、道岔前后的过渡段及难以频繁养护维修的区段，如图 1.5 所示。

现场对比测试和试验结果表明，采用道砟粘结技术后，道床振动加速度显著降低，如图 1.6 所示。50 万次循环加载后道床没有发生沉降变形，大大提高了道床的稳定性，如图 1.7 所示。

图 1.5　刚性道砟粘结技术

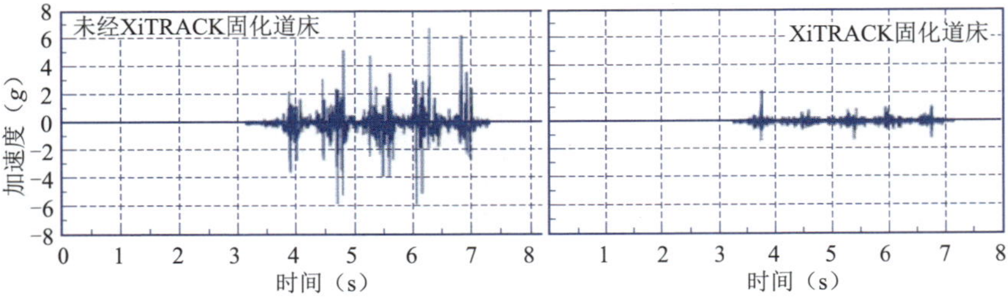

图 1.6　XiTRACK 处理前后道床振动加速度

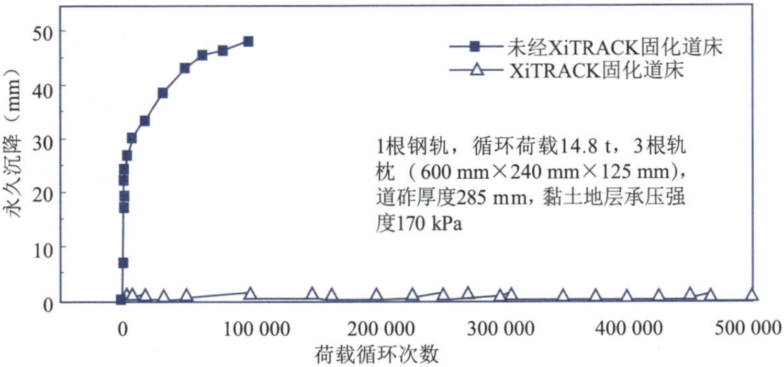

图 1.7　道床沉降变形

通过对试验结果的回归分析，得到轨道各力学特性与粘结材料用量及道床粘结层厚度之间的关系。结果表明，粘结道床承受的破坏荷载与材料用量呈二次多项式关系，材料用量有一个合理的范围；粘结道床的垂向刚度、道床沉降、钢轨弯矩、钢轨传递到轨枕上的力与材料用量及道床粘结厚度呈线性关系，材料用量和粘结厚度越大，道床的垂向刚度和钢轨传递到轨枕上的力越大，道床沉降和钢轨弯矩则越小。

道床的刚性粘结技术首次应用是布鲁塞尔—科隆高速铁路线上比利时列日（Liege）附近 Chenee 桥的重建。桥分两片施工，先建一片，保持另外一片旧桥通车；先建的一边建好通车后，再拆除另一边的旧桥进行建设。由于新桥、旧桥都存在一边施工，一边行车的情况，为解决列车通过时道床稳定问题，对道床进行了结构粘结，确保了行车安全，结构粘结应用范围如图 1.8 所示。

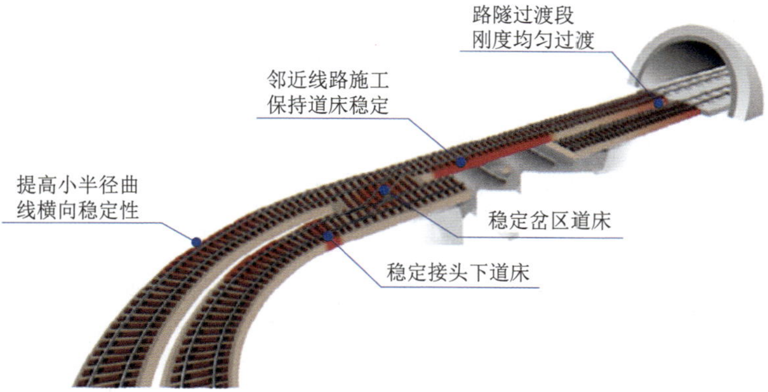

图 1.8　结构粘结应用范围

另外，结构粘结技术在欧洲国家平交道口上应用较多，如图 1.9 所示。匈牙利在布达佩斯地铁里进行了结构粘结，主要原因是该区段道床厚度只有 5~8 cm，在小半径曲线上如此薄的道床容易产生道砟移动，轨枕下道砟容易破碎，轨道几何尺寸难以保持等问题。采用道砟粘结（图 1.10）以后，道床稳定性提高。

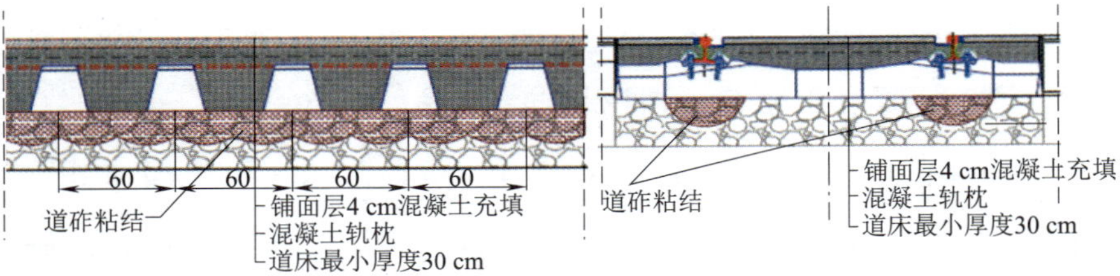

图 1.9　平交道口应用结构粘结技术（单位：cm）

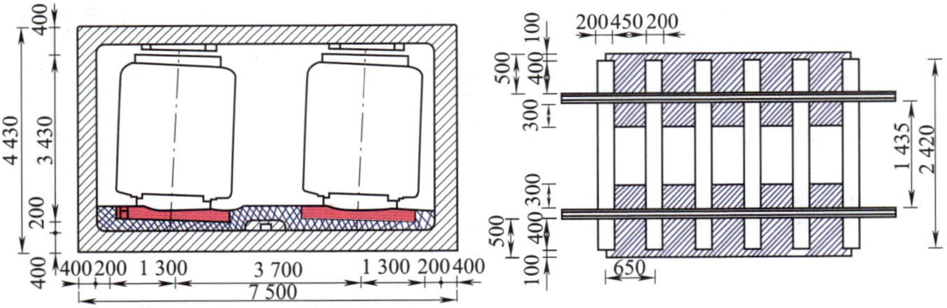

图 1.10　匈牙利地铁应用结构粘结技术（单位：mm）

20 世纪 90 年代，日本研发的 TC 型少维修轨道就是在捣固稳定好的道砟中注入水泥灌注材料，在砟肩和枕下 200 mm 深度范围内形成一个道砟—水泥固化的整体。日本于 1998 年和 2002 年分别铺设了 35 km 和 111 km 的 TC 型轨道。

德国是应用道砟粘结技术较多的国家。除了防止道砟飞散外，对车站线路进行表面粘结，以方便使用工业真空吸尘器清除道床内的粉尘，进行道床表面维护。另外，在老线更新改造时，为保持邻近道床横向稳定性，对邻近线路靠近施工一侧的道床进行表面粘结固化，如图 1.11 所示。

图 1.11　车站线路及更新改造时邻线的道砟粘结

我国道砟结构粘结在高速铁路无砟轨道与有砟轨道过渡段得到应用。从无砟轨道结束端起，有砟轨道的道砟粘结长度一般为 45 m，按照不同的厚度将道砟粘结区段分成相同长度的 3 段：枕下、砟肩和轨枕盒内道砟全部粘结；枕下和砟肩道砟粘结；枕下道砟粘结。大秦铁路试验研究表明，采用道砟喷涂树脂固化技术形成固化道床，能提高道床承载力，道床的下沉量比普通道床减少约 90%，并使线路纵横向阻力增加 1.5~2.0 倍。但刚性固化道床在提高道床稳定性的同时，也会使道床丧失弹性，并带来固化后难以养护维修、轨下结构刚度偏大、固化效果受浇注前道床状态影响显著等一系列问题。因此，探索在保留有砟道床原有弹性的基础上，各国学者正在探索减少道床累积变形的方法具有重要意义。

1.3 聚氨酯固化弹性道床

弹性固化道床技术的设计理念与刚性固化道床不同。以聚氨酯固化材料为代表的弹性固化道床技术是在已经达到稳定状态的碎石道床内浇注聚氨酯材料，通过化学反应在道砟间完成发泡、膨胀和凝固，使聚氨酯材料挤满道砟间的空隙，同时牢固粘结道砟颗粒，从而形成弹性固结整体的道床结构。聚氨酯固化弹性道床具有以下特点：

（1）聚氨酯材料将碎石道床固化形成固结的整体结构。在列车冲击、振动荷载作用下，能最大程度减少由道砟颗粒之间的相对错动所引起的道床残余变形，又因碎石颗粒之间的空隙被处于压缩状态的膨化聚氨酯所填充，减小了碎石颗粒接触点（面）上的应力，延缓了道砟颗粒的破碎和粉化，从而起到减少道床累积变形的效果，故可免除捣固作业。

（2）聚氨酯固化弹性道床中挤入道砟颗粒之间的聚氨酯具有弹性，使道砟颗粒之间的联结为弹性联结，能够保证聚氨酯固化弹性道床在列车荷载作用下呈现出良好的弹性。由于聚氨酯材料具有较强的“形状记忆效应”，道床弹性可以长期保持。

（3）由于轨下道砟颗粒之间的孔隙被聚氨酯材料所填充，外部脏污颗粒无法渗入道床孔隙，因此避免了道床脏污现象的发生。因而无需日常捣固、清筛等养护维修作业，不仅最大程度地节省了轨道的养护维修开支，还避免了捣固、清筛作业对道砟颗粒带来的二次伤损，起到了延长道床使用寿命的目的。

（4）聚氨酯固化弹性道床与轨枕间的协调工作状态和碎石道

床类似，轨枕和道床之间不是一种完全固结的关系。利用道床的弹性，既可以防止轨底和道床顶面之间的夯拍，又能够在枕底和道床顶面之间填塞或灌注垫层使轨面抬高，进行类似于有砟轨道上的垫砟或吹砟起道作业，因而相对于整体道床具有较强的可维修性，其结构如图 1.12 所示。

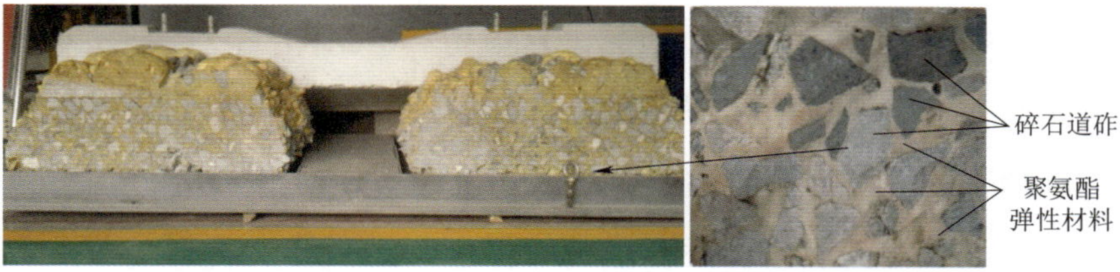

图 1.12　聚氨酯固化弹性道床及结构

从结构角度来说，聚氨酯固化弹性道床的主要功能是衰减由钢轨、轨枕传递至下部基础的道床应力，使列车重复荷载作用下所产生的道床下沉、道砟和路基面应力均不超过容许值，以延缓轨道以及下部基础的永久变形。碎石道床中压力分布方式如图 1.13 所示。

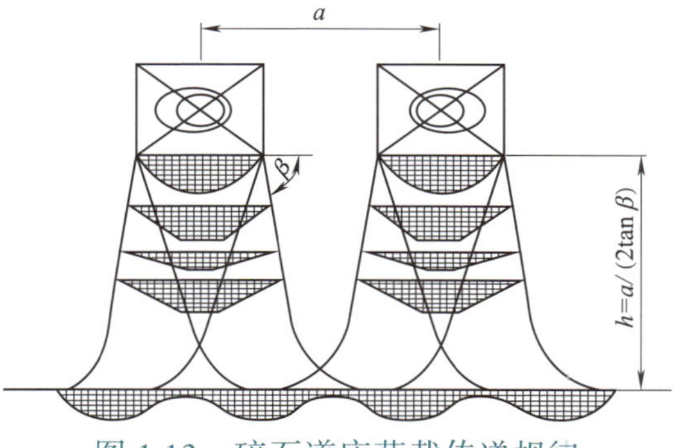

图 1.13　碎石道床荷载传递规律

a—轨枕间距；*h*—道床厚度；*β*—应力扩散角

列车荷载传递给路基面的压力随道床厚度增加而逐渐减少，轨道的变形也逐渐减少。当厚度达到 $h=a/(2\tan\beta)$ 时，沿线路方向的路基面所承受的压力大致均等，然而沿轨枕方向路基面所受压力仍不均等。根据计算，要使路基面在纵、横向所受压力大致均等，道床厚度将达到 70~80 cm。由于道床内的应力分布比较复杂，因此对道床厚度的要求，只要相邻轨枕的压力传到路基面上相互重叠就可行（约 h>25 cm）。聚氨酯固化弹性道床由于在道砟颗粒的孔隙之间附着了弹性高分子材料，使得在相同荷载作用下道床内部的应力扩散角更大，使更多的道砟颗粒参与荷载分担，从而使应力随道床深度的增加衰减更快，且道床内部道砟颗粒间的受力更为均匀，因此聚氨酯固化弹性道床可以采用更薄的道床厚度。

混凝土桥上、隧道内和硬质岩石路基地段的道床基础为刚性基础，比土质路基有更高的承压应力。传统设计思想认为，在硬质岩石路基、隧道、混凝土桥等刚性基础上，较土质路基地段可以减薄道床厚度。但是，道床除了起扩散分布荷载的作用之外，还能起到增加轨道弹性、延缓道砟颗粒的破碎和粉化、隔离振动、减少噪声等作用。碎石道床中多孔隙低刚度的聚氨酯材料具有较强的弹性以及变形恢复能力，因此在刚性下部基础条件下也可进行结构优化设计。

道床残余变形如图 1.14 所示。由图 1.14 可以看出，在单次循环荷载作用下，当处于荷载峰值时，普通碎石道床的最大弹性变形量为 0.41 mm，聚氨酯固化弹性道床为 0.54 mm；普通散体碎石道床在荷载作用后不可恢复的残余变形量为 0.09 mm，而聚氨酯固化弹性道床的残余变形量仅为 0.04 mm，这就是两种道床结构在循环荷载作用下累计沉降量产生差异，且聚氨酯固化道床可以免于捣固维修的根本原因。

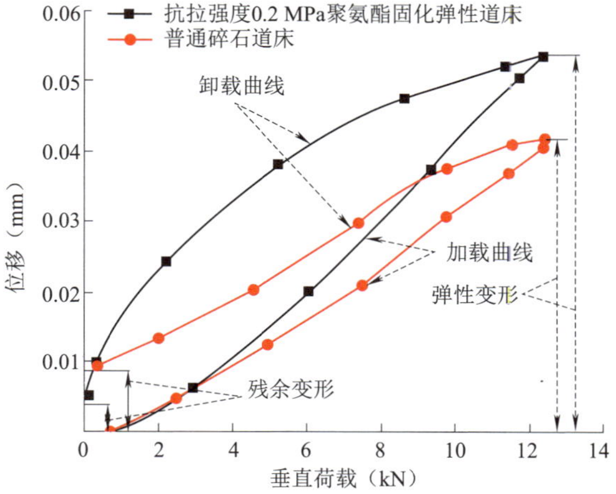

图 1.14　道床残余变形

目前，聚氨酯固化弹性道床仅在中国和德国开展了试验和应用。聚氨酯固化弹性道床试验段铺设情况见表 1.1。

表 1.1　国内外聚氨酯固化弹性道床试验段铺设一览表

铺设时间	线路名称	长度、轴重及设计速度
2007 年 4 月	德国波恩试验段	长 50 m
2007 年 6 月	德国汉堡—汉诺威客货混运主干线 Uelzen 试验线	长 300 m，客车最高速度为 230 km/h，轴重 25 t 货车最高速度 120 km/h，轴重 23 t 货车最高速度 160 km/h

续上表

铺设时间	线路名称	长度、轴重及设计速度
2008 年 5 月	德国柏林试验线	长 200 m
2009 年 10 月	中国武汉天兴洲大桥客运试验线	长 225 m
2009 年 10 月	中国武汉江岸特大桥客运试验线	长 128 m，客车最高速度 200 km/h
2010 年 8 月	德国勒沃库森拜耳工业园试验线	长 400 m，轴重 25 t
2010 年 10 月	中国北京铁科院东郊环线	长 190 m（150 m 环线，40 m 直线）
2011 年 4 月	德国科隆 Kalk 区 DB 主干线客货共线试验线	长 1 100 m，客车最高速度 150 km/h，轴重 25 t 货车速度 100 km/h，轴重 23 t 货车速度 160 km/h
2011 年 5 月	德国 Cottbus 煤炭运输重载试验线	长 700 m，轴重 33 t，50 km/h

聚氨酯固化弹性道床在我国的研究应用分为三个阶段，第一阶段以武汉天兴洲大桥、江岸特大桥、程溪大桥为代表，采用国外聚氨酯固化材料及设备铺设的试验段；第二阶段以瓦日铁路、大西高速铁路等试验段为代表，采用国产化的聚氨酯固化材料和自主研发的施工设备；第三阶段以沪昆高速铁路北盘江特大桥为代表，全桥采用国产化的聚氨酯固化材料和施工设备进行施工，代表着聚氨酯固化弹性道床技术从试验向应用的转变。

聚氨酯固化弹性道床在国内应用情况见表 1.2。

表 1.2 我国聚氨酯固化弹性道床应用情况

铺设时间	线路	地点	长度（m）	轴重（t）	最高试验/运营速度（km/h）
2009 年 10 月	京广高速铁路	武汉天兴洲大桥	225	17	200
2009 年 10 月	沪蓉线	武汉江岸特大桥	128	17	200
2012 年 3 月	龙漳线	漳州程溪特大桥	1 322	25	客车：160 货车：120
2013 年 12 月	瓦日线	跨长晋高速公路特大桥	700	30	110
2014 年 1 月	瓦日线	南岭山隧道	1 100	30	110
2014 年 11 月	大西高速铁路	K171+579~K172+455 路基段	876	17	286
2015 年 5 月	大西高速铁路	K238+896~K239+787 路基段	891	17	280
2016 年 7 月	沪昆高速铁路	北盘江特大桥	1 442	17	330
2017 年 1 月	乌鲁木齐地铁	乌鲁木齐	342	16	80
2018 年 1 月	济青高速铁路	济南	5 584	17	385
2019 年 12 月	京张高速铁路	道岔区及区间正线	12 360	17	120

我国聚氨酯固化弹性道床运营时间最长的京广高速铁路武汉天兴洲大桥安全运营已超过 10 年，跟踪观测结果表明，聚氨

酯固化弹性道床轨道结构稳定，至今未发生与道床有关的维修作业。

2018 年 12 月 10 日，在济青高速铁路成功开展了时速 350 km 聚氨酯固化弹性道床实车试验。试验结果表明，轨道结构安全性指标满足标准要求，舒适性指标等级达到优良，解决了高速铁路有砟轨道的道砟飞溅难题，并创造了世界聚氨酯轨道、我国有砟轨道最高试验速度 398.7 km/h 的纪录。

1.4 小　　结

本章对散体碎石道床、刚性道砟胶固化道床及聚氨酯固化弹性道床的结构及性能差异进行了分析，详细介绍了聚氨酯固化弹性道床技术发展过程及应用情况；重点介绍了碎石道床的累积变形特性、弹性变形特性及残余变形特性，在此基础上分析了弹性聚氨酯材料对碎石骨料相互作用的改善机理。此外，还简要介绍了弹性聚氨酯固化道床的功能及结构优化方向。

第 2 章

铁路固化弹性道床轨道结构的设计

铁路固化弹性道床轨道结构设计包括扣件、轨枕和固化道床断面设计，根据轨道结构系统刚度分配原则，进行轨道部件的刚度匹配优化设计，从而保证固化弹性道床的技术性能和经济性最佳。

2.1　固化弹性道床轨道结构的刚度

2.1.1　轨道系统刚度组成

轨道结构系统刚度是表征轨下基础力学性能的重要指标，由扣件垫板和道床提供，同时受钢轨抗弯刚度的影响。我国既有铁路扣件垫板、道床刚度组合及匹配分析情况如下。

1. 钢轨支座刚度D

钢轨支座刚度D用来表征钢轨扣件和枕下基础的等效刚度，定义为使钢轨支座产生单位下沉所需要施加于支座上的力，量纲为力 / 长度。钢轨支座刚度计算模型如图 2.1 所示。

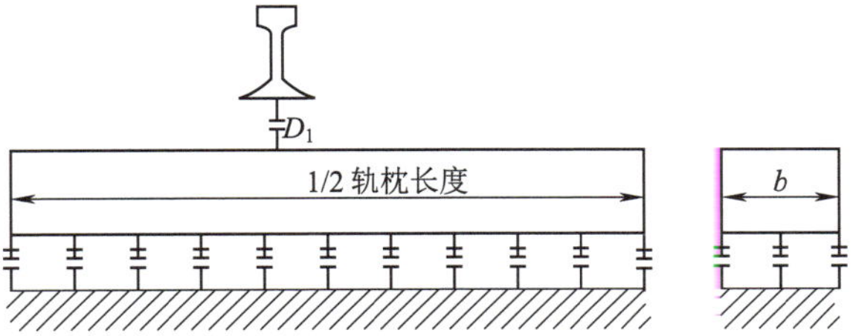

图 2.1　钢轨支座刚度计算模型

b—轨枕有效支承宽度

一般混凝土枕线路，钢轨支座刚度D可以视为扣件及轨下胶垫刚度D_1以及轨枕、道床和路基刚度D_2经串联形成，因此，钢轨支座刚度D通过公式（2.1）计算。

$$D=\frac{1}{D_1^{-1}+D_2^{-1}} \tag{2.1}$$

式中　D_1——扣件及轨下胶垫刚度(kN/mm)；

D_2——轨枕、道床和路基刚度(kN/mm)。

不同线路条件下扣件及轨下胶垫刚度刚度 D_1 取值见表 2.1。

表 2.1　不同线路条件下扣件及轨下胶垫刚度刚度 D_1 取值

线路情况	扣件及垫下胶垫刚度 D_1（kN/mm）		
	高速铁路	普速铁路	重载铁路
有砟 / 聚氨酯	50~70	55~80	120~160
无砟	20~30	—	40~60

不同线路条件下轨枕、道床和路基刚度 D_2 取值见表 2.2。

表 2.2　不同线路条件下轨枕、道床和路基刚度 D_2 取值

线路情况	轨枕、道床和路基刚度 D_2（kN/mm）		
	高速铁路	普速铁路	重载铁路
有砟	120	100	120
聚氨酯	90	90	90
无砟	1 560	—	1 560

不同线路条件下钢轨支座刚度 D 取值见表 2.3。

表 2.3　不同线路条件下钢轨支座刚度 D 取值

线路情况	钢轨支座刚度 D（kN/mm）		
	高速铁路	普速铁路	重载铁路
有砟	35.3~44.2	35.5~44.4	60.0~68.5
聚氨酯	32.1~39.4	34.1~42.4	51.4~57.6
无砟	19.8~29.4	—	39.0~57.8

2. 钢轨抗弯刚度 EI

钢轨抗弯刚度由钢轨的弹性模量 E 与钢轨截面对水平中性轴的惯性矩 I 相乘所得，其中 $E=2.1\times10^{11}$ N/m^2，其力学意义为使钢轨产生单位曲率所需施加的力矩。例如，60 kg/m 钢轨，$I=3.217\times10^{-5}$ m^4，$E=2.1\times10^{11}$ N/m^2，则 $EI=6.76\times10^6$ N·m^2，表示如果欲将钢轨弯成 1 m^{-1} 的单位曲率（其意义为当弧长延长 1 m 时，切线方向转角为一个弧度，或者说相当于半径为 1 m 的圆所对应的曲率），则需要 6.76×10^6 N·m^2 的弯矩。

3. 钢轨基础弹性模量 u

钢轨基础弹性模量 u 用来表征钢轨基础的弹性特征，为单位长度的钢轨基础产生单位下沉所需的施加在钢轨基础上的分布力，其值为

$$u=\frac{D}{a} \tag{2.2}$$

式中　D——钢轨支座刚度（kN/mm）；

a——轨枕间距（mm）；

u——钢轨基础弹性模量（kN/mm^2）。

需要注意的是 D，u，a 这三个参数随轨道类型、道床、路基状况及周围环境因素的变化而变化，具有很大的离散性，因此，在进行轨道力学分析时应尽可能采用实测值。在采用 60 kg/m 钢轨而扣件垫板及道床刚度匹配不同的条件下，钢轨基础弹性模量 u 取值见表 2.4。

表 2.4　不同线路条件下钢轨基础弹性模量 u 取值

线路情况	道床刚度（kN/mm）		
	高速铁路	普速铁路	重载铁路
有砟	58.8~73.7	59.1~74.1	100.0~114.3
聚氨酯	53.6~65.6	56.9~70.6	85.7~96.0
无砟	30.4~45.3	—	60.0~88.9

4. 刚比系数 k

刚比系数 k 是指钢轨基础弹性模量与钢轨抗弯刚度的比值，又称为轨道系统特征性参数，可用式（2.3）计算。

$$k=\sqrt[4]{\frac{u}{4EI}}=\sqrt[4]{\frac{D}{4EIa}} \tag{2.3}$$

5. 轨道系统刚度 K_t

轨道系统刚度 K_t 定义为使钢轨产生单位下沉所需的竖向荷载，按式（2.4）计算。

$$K_t=\frac{2u}{k}=2\sqrt[4]{4EIu^3} \tag{2.4}$$

不同线路条件下有砟、无砟、聚氨酯轨道结构的道床、扣件、支座及轨道系统刚度理论值见表 2.5。

表 2.5　不同线路条件下轨道系统刚度 Kt

线路情况	道床刚度（kN/mm）	扣件刚度（kN/mm）	支座刚度（kN/mm）	轨道系统刚度（kN/mm）
高速铁路				
有砟	120	50~70	35.3~44.2	96.9~114.7
聚氨酯	90	50~70	32.1~39.4	90.3~105.1
无砟	1 560	20~30	19.8~29.4	59.0~79.6

续上表

线路情况	道床刚度（kN/mm）	扣件刚度（kN/mm）	支座刚度（kN/mm）	轨道系统刚度（kN/mm）
普速铁路				
有砟	100	55~80	35.5~44.4	97.2~115.1
聚氨酯	90	55~80	34.1~42.4	94.5~111.0
重载铁路				
有砟	120	120~160	60.0~68.5	144.2~159.4
聚氨酯	90	120~160	51.4~57.6	128.5~139.9
无砟	1 560	40~60	39.0~57.8	98.3~132.0

可以看出，不论何种线路情况，无砟轨道系统组合刚度最低（高速铁路约为 69 kN/mm），有砟轨道刚度最高（高速铁路约 106 kN/mm），而聚氨酯固化道床介于两者之间（高速铁路约 97 kN/mm），三种轨道结构组合刚度对比如图 2.2 所示。

既有研究《铁路轨道刚度的确定方法》表明，轨道下沉变形耗散的能量与轨道刚度大小呈反比，而车辆簧下质量引起的垂向动态应力与轨道刚度大小呈正比，两条曲线的交叉点为轨道的最优刚度。《铁路轨道刚度的确定方法》指出我国高速铁路暂以有砟轨道作为主型轨道结构，建议车辆轮载作用下，轨道最大下沉控制在 1 mm 以内，轨道整体刚度值取为 100 kN/mm。则分别以有砟轨道结构和无砟轨道结构在高速铁路条件下的组合刚度为基准，即保持有砟轨道系统刚度为 100 kN/mm，无砟轨道系统刚度为 70 kN/mm，道床与扣件刚度的等系统刚度曲线如图 2.3 所示。

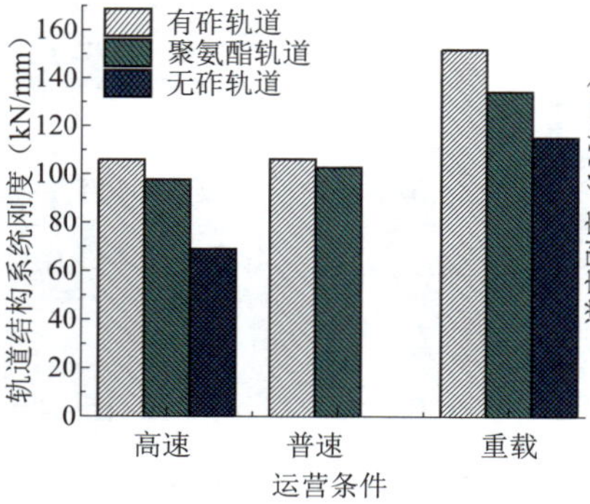

图 2.2　不同条件下轨道结构系统刚度对比

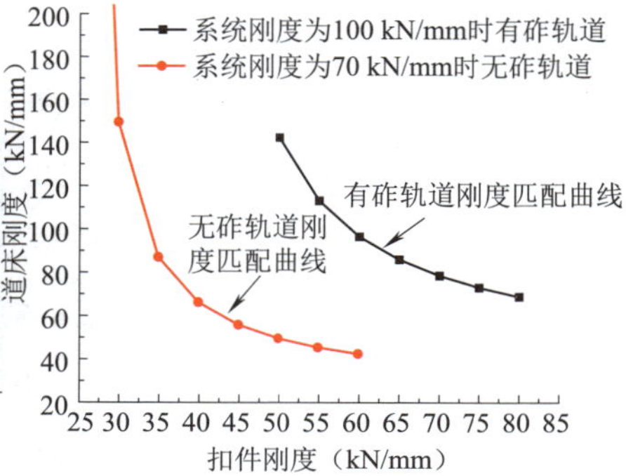

图 2.3　有砟轨道和无砟轨道系统刚度曲线

2.1.2　轨道部件刚度对轨道系统刚度的影响

翟婉明在《轨道刚度对列车走行性能的影响》中指出，轨道部件的刚度分配（扣件及道床刚度匹配）对机车车辆的走行及振动特性具有显著影响，并指出轨下部件刚度由下限增加至上限时，轮轨力标准差增大 108%，构架振动加速度增大 127%，轴向振动加速度增大 115%，因此轨道部件的合理刚度匹配至关重要。

以扣件刚度 70 kN/mm 为例，道床刚度由 40 kN/mm 增加至 1 000 kN/mm 时，对轨道系统刚度影响不大，但会显著影响轨下结构的层间位移分配，在轨道系统刚度保持 100 kN/mm 不变的前提下，道床、扣件刚度匹配和扣件位移量三因素关系如图 2.4 所示。由图 2.4 可以看出当扣件刚度在 40~120 kN/mm 范围内分布，道床刚度在 50~500 kN/mm 范围内分布时，扣件位移量占轨下整体位移量的 30%~90%。

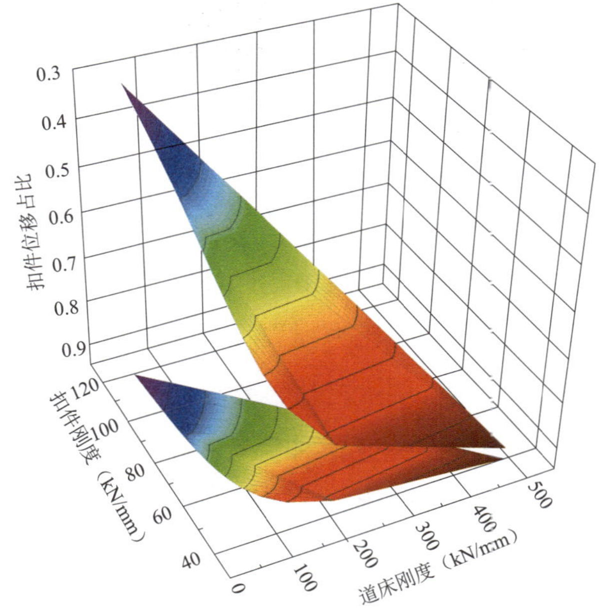

图 2.4　轨道系统刚度 100 kN/mm 条件下道床、扣件刚度匹配与扣件位移量三因素关系

对于铁路有砟道床弹性模量，德国要求为 120 MPa，美国要求为 207~276 MPa，日本、法国则要求为 100 MPa，我国既有线实测的道床刚度为 116~281 kN/mm，换算的道床弹性模量为 70~170 MPa。而无砟轨道的道床基本为刚性，即使考虑弹性支撑层的作用，其道床计算刚度通常也在 1 000 kN/mm 以上。有砟道床由于道砟颗粒的散粒体特性，其道床的刚度会因道砟颗粒的累积沉降及逐渐密实而发生非线性增大的现象，而捣固作业后，道床的刚度又会减小，故有砟散体道床的刚度一直处于变化中。因

而即使在建设过程中规定有砟道床的设计刚度，在运营中也难以保持，使得散体道床的合理刚度设计缺乏可实用的工程价值。而聚氨酯固化弹性道床最大的特点在于固化材料改善了散体道床的散粒体特性，使道床的弹性得以长期保持，因而基于弹性固化道床进行轨道部件的刚度匹配分析具有工程实际意义。

就扣件与道床的刚度合理匹配而言，《轨道刚度的影响分析及动力优化》指出，扣件刚度由扣压件刚度和轨下垫层刚度组成，为保证车轮通过时扣压力损失不超限，扣件设计中应严格控制胶垫刚度与扣压件刚度之比，要求扣压件刚度与垫层刚度的比值处于 7~11 之间。对于某种特定的扣件类型，扣压件的刚度一般变化不大，扣件的刚度主要依靠轨下垫层调整。对于弹条扣件，一组弹条扣压件的平均扣压刚度约为 4 kN/mm，则轨下垫层刚度不宜小于 28 kN/mm，由此可得一组扣件的刚度不宜小于 32 kN/mm，这是扣压力损失要求的扣件刚度的下限值。虽然可在设计中考虑进一步降低扣压件刚度，但为了保持轨道具有足够的横向稳定性，扣压件刚度下调的空间十分有限。因此，为确保扣压力动态损失在允许的范围内，扣件刚度下限值至少应为 40 kN/mm。

当轨道因不平顺激发振动时，应确保轨枕与道床动态位移差不超过轨枕与道床的静态位移差，以防止轨枕脱离道床，避免因轨枕拍打道床而形成道床病害。当扣件与道床刚度比取 0.5 时，轨枕与道床间的静位移差和动位移差表现出相同的变化规律，即随轨道总刚度增大，位移差逐渐减小。不过，静位移差减小较快，而动位移差减小较慢。

故在轨道总刚度不变的条件下，采用 10 个动力参数敏感系数之和等于零为目标函数，对扣件与道床刚度匹配进行动力学优化结果表明，轨道各动力参数随轨道总刚度呈现单一增大趋势，因此应尽量降低轨道总刚度。依据对扣件损失的限制，确定轨道刚度下限；依据振动条件下轨枕与道床不脱离接触的限制，确定轨道刚度上限。在Ⅲ型轨枕、60 kg/m 钢轨条件下，轨道总刚度的合理取值范围为 62.0~86.9 kN/mm，道床刚度最优值应为 80 kN/mm。

2.1.3　固化弹性道床刚度的合理取值

既有研究《铁路轨道刚度的确定方法》从能量的角度对轨道结构部件的合理刚度匹配进行了介绍，是轨道刚度匹配设计中最具代表性的论述，其研究结果表明，轨道下沉变形耗散的能量与轨道刚度大小呈反比，而车辆簧下质量引起的垂向动态应力与轨道刚度大小呈正比，且依据两条曲线的交叉点，设计轨道的最优刚度。

同时指出我国高速铁路暂以有砟轨道作为主型轨道结构，建议车辆轮载作用下，轨道最大下沉控制在 1 mm 以内，综合容许应力、容许位移法设计，有砟轨道整体刚度值为 100 kN/mm，钢轨支座刚度为 37 kN/mm，扣件和道床的变形均匀分配，均为

0.5 mm，轨下垫板和道床刚度值为 74 kN/mm。这一结论与《轨道刚度的影响分析及动力优化》相互印证。

因此，在扣件刚度 74 kN/mm 条件下，分析道床刚度对轨道系统组合刚度及道床动位移的占比，所得到的结果如图 2.5 所示。

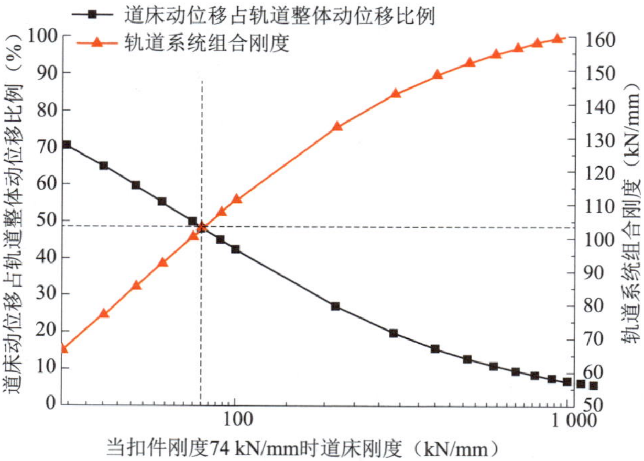

图 2.5　轨道系统刚度及动位移占比

综上所述，我国运营中的高速有砟轨道系统刚度通常在 90~110 kN/mm 之间。由图 2.5 可以看出当道床刚度取 70 kN/mm 左右时，系统刚度曲线与动位移刚度曲线相交，系统组合刚度接近于既有研究中所提出的最优值 100 kN/mm，且扣件、轨枕动位移比例接近于既有研究中所提出的最优值 1∶1。此时，轨下道床的整体动位移约为 1 mm，扣件及道床各占 0.5 mm。

故基于轨道部件合理匹配进行设计，并考虑前期有砟道床的实际工程情况，聚氨酯固化弹性道床结构设计刚度为 80~100 kN/mm，扣件垫板刚度为 70~80 kN/mm。

2.2　固化弹性道床扣件设计

国外有砟轨道扣件以无螺栓扣件为主，扣件不具备钢轨高低调整能力，主要通过有砟道床捣固等措施实现轨道高低调整，但部分有螺栓扣件可根据扣件结构型式不同具有一定的钢轨高低位置调整能力。如日本 F-1 型扣件（图 2.6）配合使用特制挡肩加高的轨枕，通过垫入轨下调高垫板和弹片座下的垫块，钢轨最大调高量可达 15 mm。德国 W14 型扣件（图 2.7）主要应用于高速铁路有砟轨道，通过在轨枕承轨槽上垫入调高垫板，可实现 10 mm 的钢轨高低调整量。

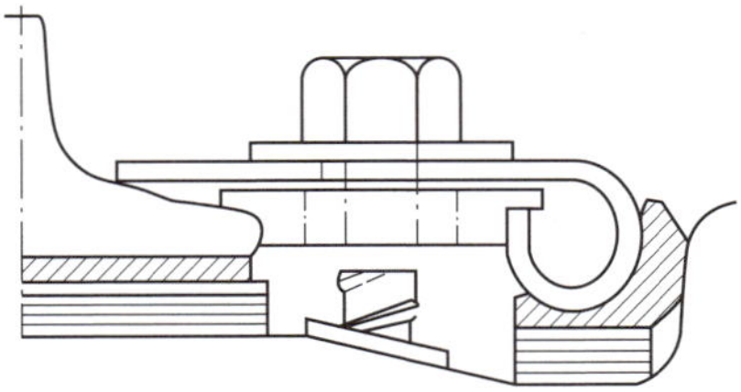

图 2.6　F-1 型扣件

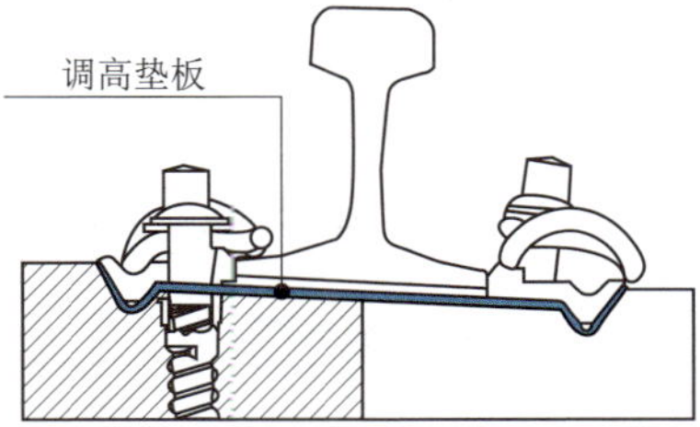

图 2.7　W14 型扣件

国内有砟轨道扣件结构型式分为无螺栓扣件和有螺栓扣件两种。无螺栓扣件主要有普速铁路用弹条Ⅲ型扣件和高速铁路用弹条Ⅳ型扣件，两种扣件均采用 e 型弹条扣压件。扣件本身不具备钢轨高低调整功能，轨道高低调整主要通过起道捣固实现。

有螺栓扣件主要有普速铁路用弹条Ⅰ/Ⅱ型扣件、弹条Ⅰ型调高扣件和高速铁路用弹条V型扣件。三种扣件通过在轨下垫入调高垫板可分别实现10 mm、20 mm和10 mm的钢轨调高量。

2.2.1 固化弹性道床扣件结构方案

在设计固化弹性道床扣件结构方案时遵循以下原则：

（1）由于弹性道床采用弹性固化材料将碎石道砟粘结为一个固结的整体结构，受施工误差和基础变化等因素的影响，钢轨高低和轨向的变化不能像有砟轨道那样进行起道和拨道作业，因此其所用扣件系统应具有较大的钢轨左右和高低位置调整能力。

（2）根据弹性道床的刚度适配扣件系统的刚度，实现和原有轨道刚度一致。

（3）扣件的钢轨纵向阻力、组装扣压力和组装疲劳性能等组装性能应满足相关技术条件的要求。

（4）最大限度地利用既有扣件和轨枕，经济合理。

2.2.2 固化弹性道床扣件技术参数

在有砟轨道结构中，轨道刚度由碎石道床和扣件轨下垫板提供，其中碎石道床静刚度 K_1 按照设计规范取120 kN/mm，弹条V型扣件轨下垫板的设计静刚度 K_2 为60 kN/mm，因此有砟轨道整体刚度 K 为

$$K=\frac{K_1 \cdot K_2}{K_1+K_2}=40\ \text{kN/mm}$$

固化弹性道床的弹性主要由扣件轨下弹性垫板和弹性固

化道床共同提供。试验结果表明固化道床的刚度与碎石道床较为接近，与原有轨道刚度保持一致，弹性道床扣件轨下垫板设计静刚度与弹条Ⅴ型扣件垫板静刚度相同，均为 60 kN/mm ± 10 kN/mm。且扣件所在线路的运行环境与高速铁路有砟轨道基本一致，因此扣件的钢轨纵向阻力、组装扣压力和组装疲劳性能等技术参数和弹条Ⅴ型扣件一致。

弹条Ⅴ型扣件已在我国高速铁路大量铺设，有 10 余年的工程实践经验，扣件使用效果良好，且铺设使用经验较为成熟。本扣件的结构方案是在弹条Ⅴ型扣件的基础上，根据弹性道床的需求，采取技术措施加大其钢轨位置调整能力，具体技术措施如下：

（1）将混凝土枕承轨槽挡肩高度由 25 mm 调整为 45 mm，在Ⅲc 型轨枕结构的基础上新设计轨枕。

（2）增设轨距挡板下调高垫板及更换不同长度的螺旋道钉，将钢轨高低位置调整量由 0~10 mm 增大为 –4~+26 mm。

（3）调整轨距挡板和弹条横向尺寸，将钢轨左右位置调整量由 –4~–2 mm 增大为 ±6 mm。

2.2.3　固化弹性道床扣件结构组成

弹条 Vc 型扣件由弹条（W1 型）、螺旋道钉、平垫圈、轨距挡板、轨下垫板、轨下调高垫板和定位于混凝土枕的预埋套管组成。此外为调高需要，还包括轨距挡板下调高垫板。组装示意如

图 2.8 所示。每根轨枕用扣件零部件见表 2.6。

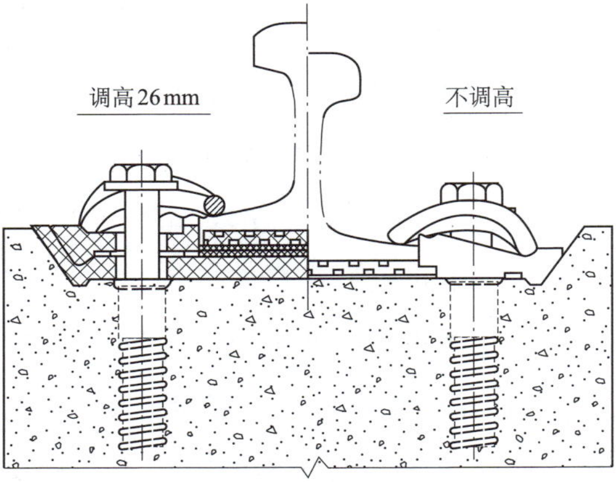

图 2.8 弹条 Vc 型扣件组装示意

表 2.6 扣件零件数量表（每组扣件用量）

序号	名 称	数量	材 料	质量或体积	备 注
1	螺旋道钉 S1	2	优质碳素结构钢、合金钢或冷镦钢	1.30 kg	根据钢轨高低调整确定规格
2	平垫圈	2	Q235-A	0.138 kg	
3	W1 型弹条	2	60Si2Mn	1.42 kg	
4	轨距挡板	2	玻璃纤维增强聚酰胺 6 或 66	410 cm^3	根据轨距调整确定规格
5	橡胶垫板	1	天然或合成橡胶	246 cm^3	
6	预埋套管 D1	2	玻璃纤维增强聚酰胺 6 或 66	115 cm^3	
7	轨下调高垫板		聚乙烯	27 cm^3/mm	根据钢轨高低调整确定规格

续上表

序号	名　称	数量	材　料	质量或体积	备　注
8	轨距挡板下调高垫板		玻璃纤维增强聚酰胺 6	256 cm^3/mm	根据钢轨高低调整确定规格

2.3　固化弹性道床轨枕设计

2.3.1　固化弹性道床轨枕枕上压力和弯矩

1. 枕上压力

采用连续弹性基础梁或弹性点支承模型计算。轨枕垂直动荷载计算公式为

$$R_d=\gamma P_0(1+\alpha) \tag{2.5}$$

式中　R_d——轨枕枕上垂直动压力（kN）;

P_0——静轮重（kN），为设计轴重的一半，最大轴重按 25 t 考虑;

α——综合动载系数，取 1.5;

γ——轮重分配系数，可根据钢轨类型、钢轨支座刚度 D 及轨枕间距取值，这里计算取 0.44。

将以上参数代入式（2.5），得

$$R_d=138\ \text{kN}$$

2. 荷载弯矩

考虑聚氨酯固化弹性道床用轨枕的实际受力状况，计算轨枕轨下截面和枕中截面荷载弯矩分别采用图 2.9（a）和图 2.9（b）所示的计算图式。

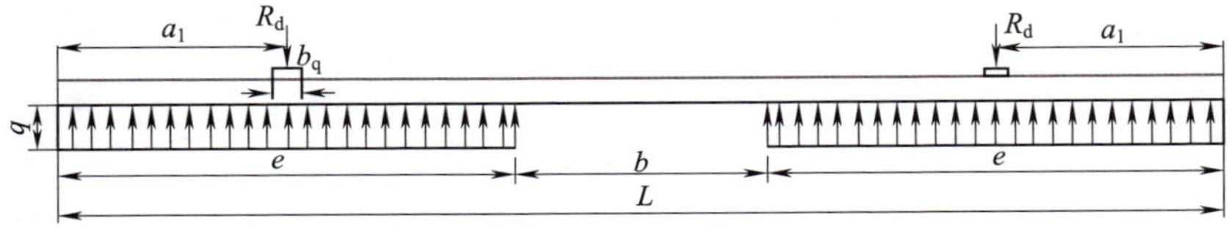

（a）

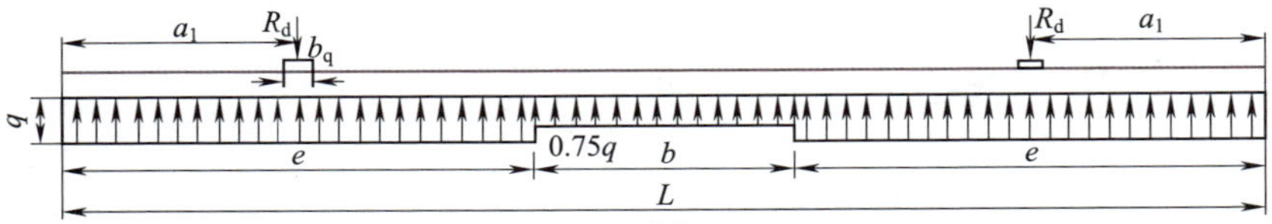

（b）

图 2.9　枕下道床支承反力计算图式

注：L—轨枕长度（m）；a_1—轨枕承轨槽中心至枕端距离；e——股钢轨下轨枕的支承长度（m），一般情况下，e 的长度可取为 $L-g$，其中 g 为轨枕两承轨槽中心间距；b_q—轨枕压力分布宽度。

基于枕上压力的计算和上述荷载图式，得到

轨下截面正弯矩计算结果：M_g=15.1 kN · m。

枕中截面负弯矩计算结果：M_z=−12.1 kN · m。

2.3.2　固化弹性道床轨枕结构方案

依据设计荷载弯矩，开展结构方案设计。轨枕生产所用混凝土 28 天强度等级为 C60。钢丝抗拉极限强度 σ_b=1 570 kN/mm^2，预应力钢丝的抗拉强度设计值 f_{py} 为 1 070 N/mm^2，预应力钢丝的抗压强度设计值 f'_{py} 为 400 N/mm^2，钢丝松弛率为Ⅱ级松弛。

在计算轨枕 48 h 的抗裂强度时，混凝土强度等级为 C45，其抗拉标准值、抗拉设计值、轴心抗压设计值以及受拉区混凝土塑性影响系数 γ 等均按相关规范及技术要求采用。同时在设计计算中考虑养护时温差、墩头内缩、钢丝松弛等因素对预应力损失的影响。设计轨枕的关键截面及配筋方案见表 2.7。

表 2.7　聚氨酯固化弹性道床用轨枕的关键截面及配筋初步方案

轨枕类型	聚氨酯固化弹性道床用 ZYJ–Ⅰ型轨枕		新Ⅱ型枕		$Ⅲ_a$ 型枕	
轨枕长度（mm）	2 500		2 500		2 600	
混凝土强度	C60		C60		C60	
截　面	轨下	枕中	轨下	枕中	轨下	枕中
高　度（mm）	200	175	205	175	230	185
顶面宽度（mm）	180	182	170	190	170	220
底面宽度（mm）	320	280	280	250	314	280
预应力配筋（mm）	12*Φ*6.25		10*Φ*6.25		10*Φ*7.0	
箍筋配筋（mm）	13*Φ*6.0		9*Φ*6.0		13*Φ*6.0	

设计完成的 ZYJ–Ⅰ型轨枕结构概图及关键截面尺寸分别如图 2.10 和图 2.11 所示。

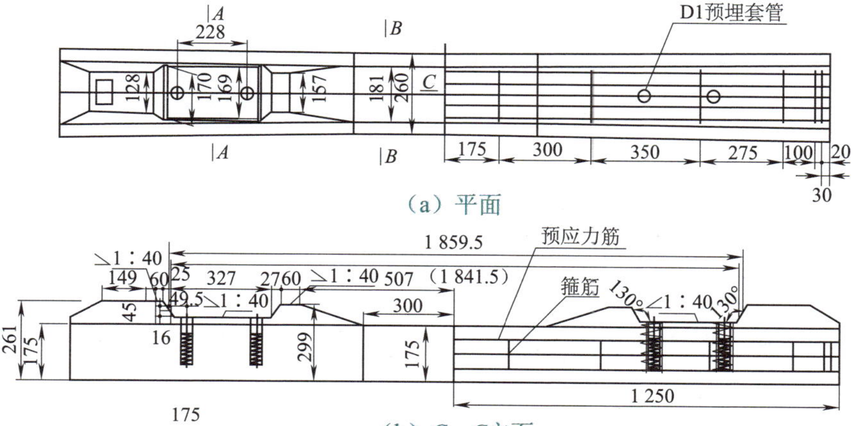

（a）平面

（b）*C*—*C*立面

图 2.10　轨枕结构设计概图（单位：mm）

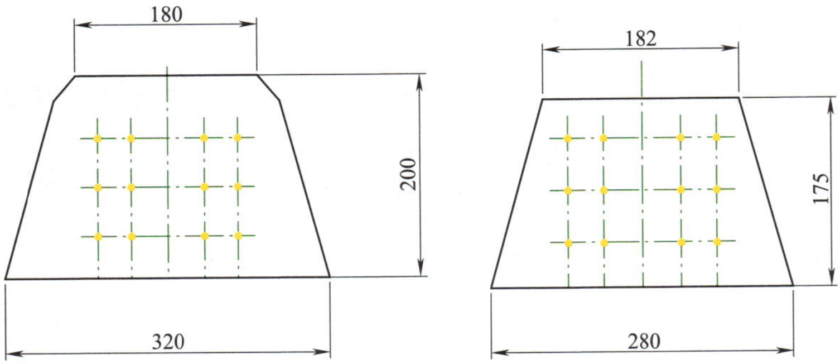

（a）*A*—*A*轨下截面　　（b）*B*—*B*枕中截面

图 2.11　轨枕关键截面（单位：mm）

2.3.3　固化弹性道床轨枕承载能力检算

设计的聚氨酯固化弹性道床 ZYJ-Ⅰ型轨枕结构通过合理的钢筋设置及丝位设计，轨下截面正向和枕中截面负向承载能力分别为 15.2 kN · m 和 12.4 kN · m，承载能力均能满足荷载弯矩的要求，具体承载能力计算结果见表 2.8。

表 2.8　聚氨酯固化弹性道床用 ZYJ-Ⅰ型轨枕结构承载能力计算结果

枕型	配筋（mm）	张拉系数	总张拉力（kN）	承载能力（kN · m）	
				轨下	枕中
聚氨酯固化弹性道床用 ZYJ-Ⅰ型轨枕	12Φ6.25	0.69	400	15.2	−12.4

根据上述计算得到的抗裂弯矩，可进一步计算得到按标准试验方法进行的静载抗裂检验值和疲劳检验值，具体计算结果见表 2.9。

表 2.9　静载抗裂检验值和疲劳检验值计算结果

枕型	静载抗裂检验值 (kN)		疲劳检验值 (kN)		破坏强度检验值 (kN)	
	轨下	枕中	轨下	枕中	轨下	枕中
聚氨酯固化弹性道床用 ZYJ–Ⅰ 型轨枕	170	115	180	125	240	185

针对聚氨酯固化弹性道床用轨枕的受力特点，以及该特殊轨道类型对轨枕接口的要求，设计提出的 ZYJ–Ⅰ 型预应力混凝土枕主要特征总结如下：

（1）控制轨枕的轨下截面高度为 200 mm，从而利于降低聚氨酯固化弹性道床轨道结构的总高度。

（2）适当增大轨枕底面宽度至 320 mm，从而减小轨下截面道床所受的应力。

（3）轨枕的长度为 2.5 m，在节省材料的同时控制轨枕质量，从而便于聚氨酯固化弹性道床用轨枕的厂内制作及现场施工。

（4）轨枕的轨下截面正向和枕中截面负向承载能力分别为 15.2 kN・m 和 –12.4 kN・m，承载能力均能满足荷载弯矩的要求。

（5）轨枕挡肩为 45 mm，满足扣件系统大调高量的需求。

2.4　固化弹性道床的断面

固化道床所采用的聚氨酯是一种广泛使用的工业原料，如果作为建筑材料考虑，其成本较高。早期聚氨酯固化弹性道床采用全断面的方式进行浇注，不仅价格高昂且还会影响道床的排水性能。此外，就散体碎石道床的力学特性而言，列车荷载在道床内部也并非均匀分布，而是在某一区域内集中分布，如能在揭示道床内部荷载传递机理的基础上对聚氨酯固化弹性道床的断面进行精细化设计，寻找材料用量边际成本与边际收益的平衡点，在增强道床力学性能的同时，节约聚氨酯材料，则可提高聚氨酯固化弹性道床的技术经济性。

2.4.1 正线碎石道床内部的应力分布规律

由于有砟道床具有散体特性，单一的有限元法或离散元法均无法准确分析列车荷载作用下道床与上下部结构间的耦合作用机理。参考既有研究《铁路有砟道床力学特性及劣化机理研究》，基于文中所提出的离散元与有限元耦合方法，采用离散单元模拟碎石道床，采用有限元模拟轨枕及下部基础，以时速 250 km，轴重 17 t 的列车实测轮轨力作为外部输入条件（图 2.12），对道床内部的应力分布规律进行分析。

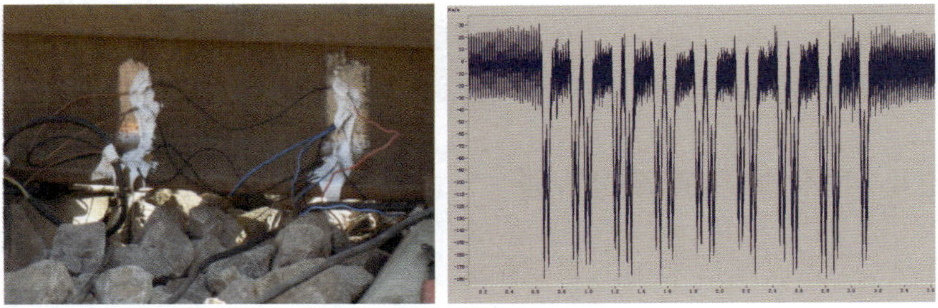

图 2.12 轮轨力实测结果

在拟合车辆荷载作用下耦合模型中散体道床的分析结果如

图 2.13 所示。

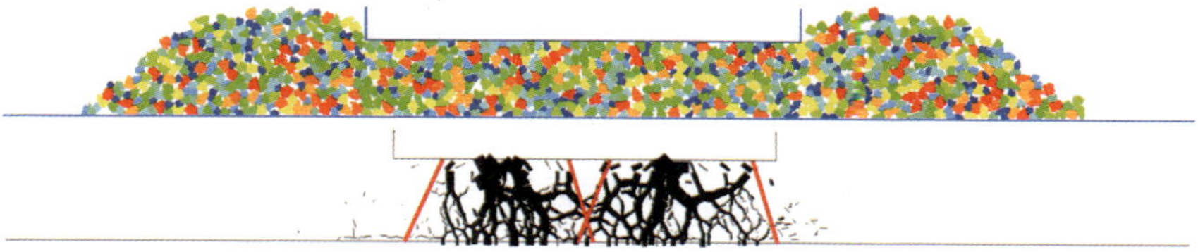

图 2.13　散体道床内部接触力分布

不同轴重及行车速度条件下高速铁路散体道床动应力沿线路中心两侧的分布规律如图 2.14 所示。

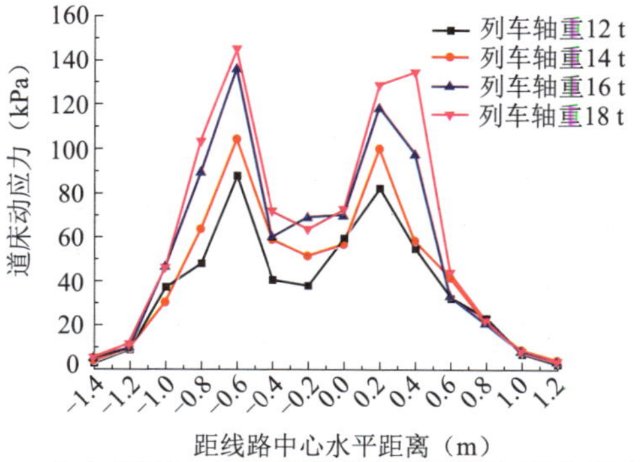

（a）300 km/h行驶速度下道床横向应力分布

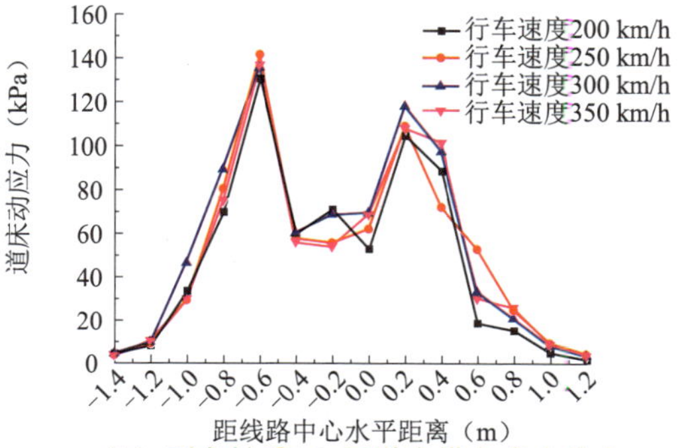

（b）列车轴重16 t下道床横向应力分布

图 2.14　高速条件下散体道床横向应力分布规律

由图 2.14 可以看出，不论何种线路条件，列车荷载经由承轨槽传递至路基表层时，其传力路径在轨枕下方的散体道床内主要呈双梯台型分布，并在承轨槽即列车荷载作用点处达到最大值。动应力幅值会随着受力点与承轨槽距离的增大而出现明显的衰减，当道床内部应力在距离承轨槽外侧 0.8 m 以外时，道床内部应力基本衰减至 20 kPa 以下。

车辆荷载经由散体道床衰减后直接传于基床表层，并引发基床在列车荷载下的动位移。图 2.15 给出了经过 500 倍放大后的基床表层网格变形。

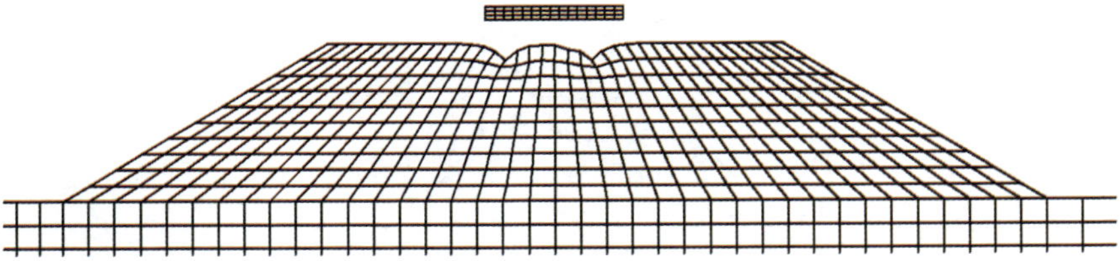

图 2.15　放大后基床表层动位移变化

图 2.16 给出了在耦合过程中基床表层在耦合力作用下的应力云图，其中基床表层上边界处的黑色箭头代表网格节点所受到的耦合力。

研究结果表明，列车荷载经由承轨槽传递至路基表层时，其传力路径在轨枕下方的散体道床内主要呈双梯台型分布，并在承轨槽即列车荷载作用点处达到最大值。应针对这一力学特性进行聚氨酯固化弹性道床结构断面的设计。

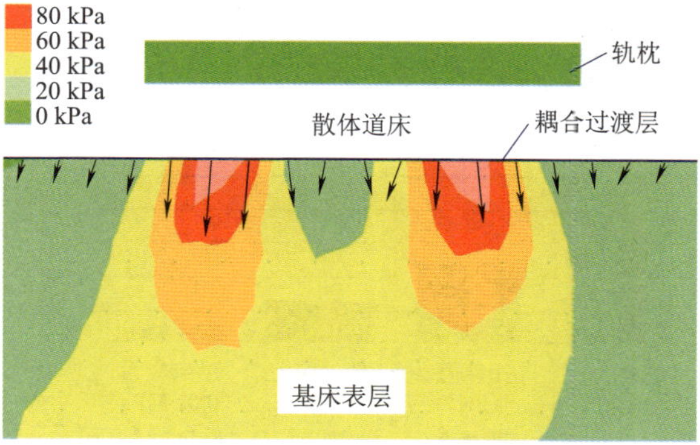

图 2.16　连续介质单元所受到的耦合力

2.4.2　不同固化断面的力学性能差异

根据《高速铁路路基冻胀对轨道不平顺的影响分析及动力响应》建立车辆轨道耦合动力学模型，对不同浇注断面的聚氨酯固化弹性道床进行分析，四种浇注断面工况如图 2.17~ 图 2.20 所示。工况一：最小顶宽（顶宽 0.45 m，底面 0.75 m）。工况二：中间尺寸（顶宽为 0.85 m，底面 1.15 m）。工况三：临界尺寸（顶宽 1.2 m，底宽刚好相交）。工况四：碎石道床全断面浇注。

图 2.17　工况一

图 2.18　工况二

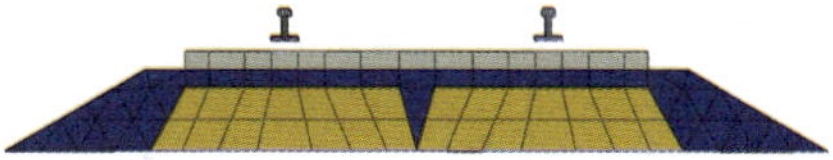

图 2.19　工况三

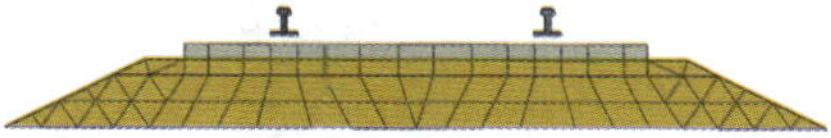

图 2.20　工况四

不同浇注断面情况下，轨道结构的动力响应如图 2.21~ 图 2.23 所示。

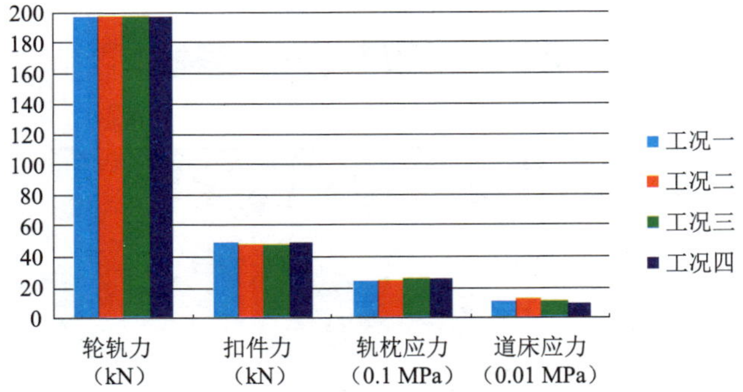

图 2.21 轨道受力对比

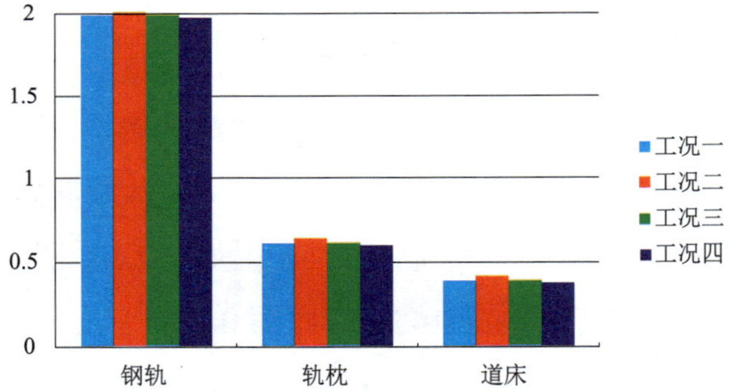

图 2.22 轨道动位移对比（单位：mm）

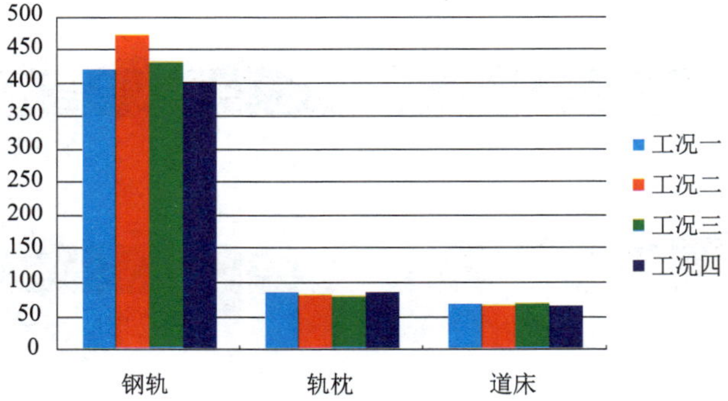

图 2.23 轨道振动加速度对比（单位：m/s^2）

由图 2.21~图 2.23 可知，四种工况下，各部件受力差异不大；固化区宽度 0.85 m 和 1.2 m 时，轨道弹性较好，轨枕和道床的加速度较小。因此，综合分析轨道受力、位移和振动等响应，选择工况二或三都是可行的；从减少浇注量和提高经济性考虑，选择工况二比较合理。对轨道结构动力响应进行研究，所得到的计算结果见表 2.10。

表 2.10　聚氨酯浇注宽度对动力响应的影响

轨道结构动力响应	工况一	工况二	工况三	工况四
钢轨垂向位移（mm）	1.474	1.543	1.596	1.648
轨枕垂向位移（mm）	0.598	0.674	0.739	0.799
道床垂向位移（mm）	0.373	0.452	0.521	0.577
钢轨加速度（m/s^2）	528.245	421.330	385.351	316.024
轨枕加速度（m/s^2）	45.906	76.495	80.438	82.089
道床加速度（m/s^2）	38.433	56.441	69.133	72.934
扣件垂向力（kN）	44.194	44.005	43.971	43.687
轨枕应力（MPa）	1.493	1.542	1.247	1.219
道床应力（MPa）	0.098	0.152	0.103	0.064
轮轨垂向力（kN）	161.935	160.225	160.181	159.914
轮重减载率	0.399	0.395	0.393	0.393
脱轨系数	0.178	0.168	0.175	0.189

由表 2.10 可知，所有工况均满足行车安全性及舒适性要求。增加聚氨酯浇注断面尺寸，减小了轮轨垂向力，但仅前两种工况变化明显，工况二、三、四间轮轨垂向力变化不大，轮重减载率和脱轨系数变化较小，说明增加断面尺寸对行车安全舒适性提高有限，综合考虑技术经济性建议采取与工况二相近的尺寸。

2.4.3 正线聚氨酯固化弹性道床合理固化宽度

列车荷载主要经由轨枕传递至道床，因此在分析固化道床几何尺寸时，首先考虑的是其对轨枕的支承作用，分析其对轨枕受力状况的影响。图 2.24 为轨下固化道床上轨枕内力分布图，其中轨下断面内的道床捣固密度要高于枕中和枕端的道床，取枕中和枕端道床刚度与轨下道床刚度的比值为 k，根据力的平衡原理，轨枕受到的荷载 F 与道床支承反力 P_f 成立如下关系。

$$F=2kP_fL_2+2P_fL_1+kP_f(L-2L_1-2L_2) \tag{2.6}$$

得出支承反力计算公式为

$$P_f=\frac{F}{kL+2(1-k)L_1} \tag{2.7}$$

对于标准轨距铁路来说，$L_2=(L-1.5-L_1)/2$。由式（2.6）中轨枕受力的关系，可以计算得到轨下弯矩和枕中弯矩。

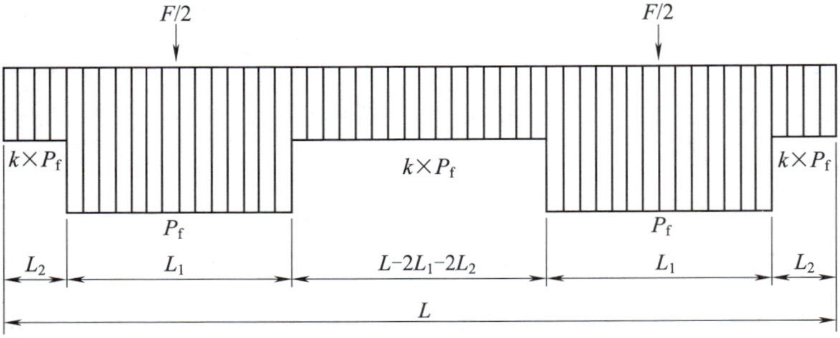

图 2.24　纵梁式固化道床上轨枕受力状况

L_1—轨下道床应力集中区长度；L_2—枕端道床非应力集中区长度

以国内常用重型轨道结构为例，轨枕采用Ⅲ型混凝土枕，长度 2.6 m，设计承载弯矩 19.05 kN·m、−17.30 kN·m，抗裂弯矩

27.90 kN · m、–22.50 kN · m。当轨枕承受 25 t 荷载时，固化道床不同刚度比和不同浇注宽度下的轨枕弯矩分布如图 2.25 和图 2.26 所示。

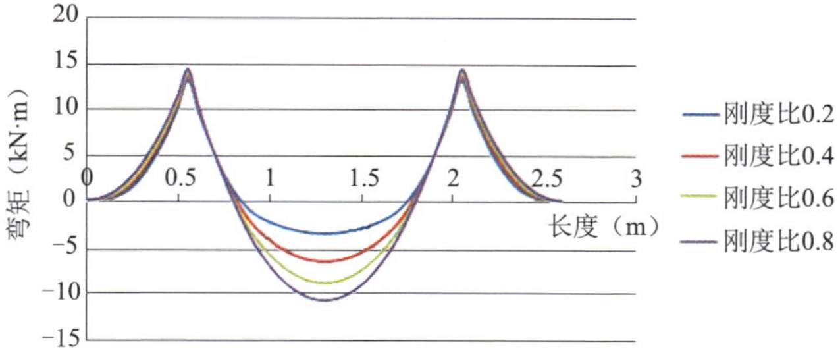

图 2.25　固化道床纵梁宽度 0.8 m 时不同刚度比下轨枕弯矩的分布

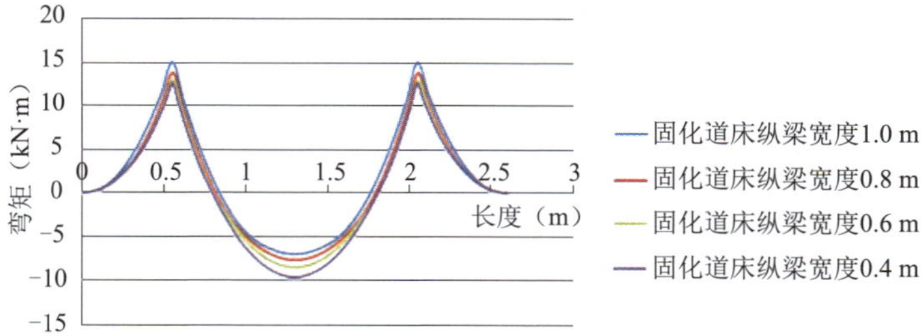

图 2.26　刚度比 0.5 时不同固化道床纵梁宽度下轨枕弯矩的分布

由图 2.25 和图 2.26 可知，在聚氨酯固化弹性道床梁支承下，轨枕在轨下部分承受正弯矩，枕中部分承受负弯矩，与设计工况相一致。刚度比变化对轨下部分的轨枕弯矩影响较小，对枕中弯矩有一定影响，随着刚度比增加，枕中弯矩增大；固化道床宽度同样对轨下部分的轨枕弯矩影响较小，随着宽度的增加，枕中弯矩减小。

图 2.27 和图 2.28 是轨枕弯矩的进一步计算结果，可以看出，轨枕上作用荷载对弯矩影响显著，当作用荷载为 30 t 时，最大正

弯矩达到 18.8 kN · m，最大负弯矩达到 –15.0 kN · m，接近Ⅲ型轨枕设计承载能力。因此，需要选择合理的刚度比和固化道床宽度。从变化趋势上分析，刚度比增大，正、负弯矩都增大，应选用较小的刚度比。实际上，降低刚度比工艺控制上比较困难；固化道床宽度超过 0.9 m 以后，刚度比越小，轨枕正弯矩越大，与刚度比选择原则相反，且宽度越大，成本越高。综合两方面因素，刚度比可控制在 0.8 以下，宽度可控制在 0.6~0.9 m 范围内。

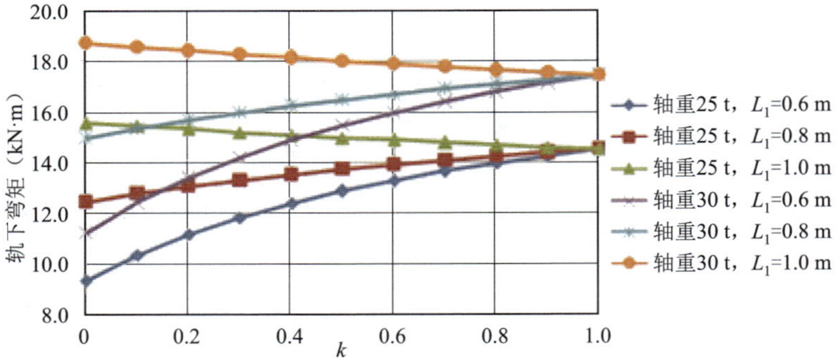

图 2.27　轨下弯矩与承受荷载、刚度比和固化道床宽度的关系

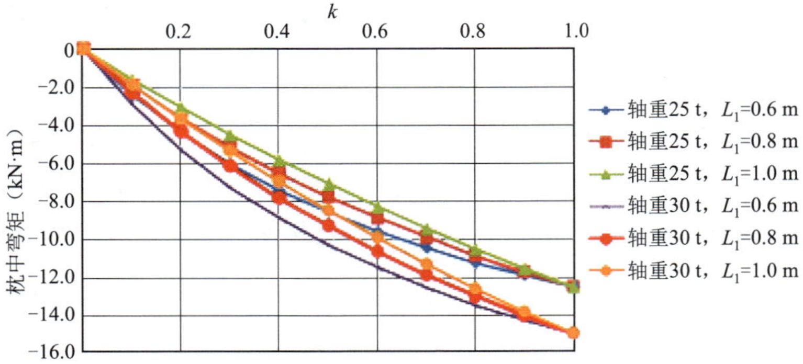

图 2.28　枕中弯矩与承受荷载、刚度比和固化道床宽度的关系

道床固化除了对轨枕支承的影响外，对荷载的承受和传

递也非常重要。为保证固化道床具有足够的承载力并能均匀地传递荷载，荷载作用区边界距钢轨轨底外侧距离一般不小于 350 mm。我国 75 kg/m 和 60 kg/m 钢轨轨底宽度均为 150 mm，考虑轨底两侧纵梁结构的对称性，固化道床顶面最小宽度不小于 850 mm。

浇注固化道床横断面为双梯形，当浇注厚度为 35 cm 时，其梯形顶面宽度不小于 85 cm，底面宽度不小于 115 cm。道床底部双梯形间距不得小于 20 cm。聚氨酯固化弹性道床横断面如图 2.29 所示。

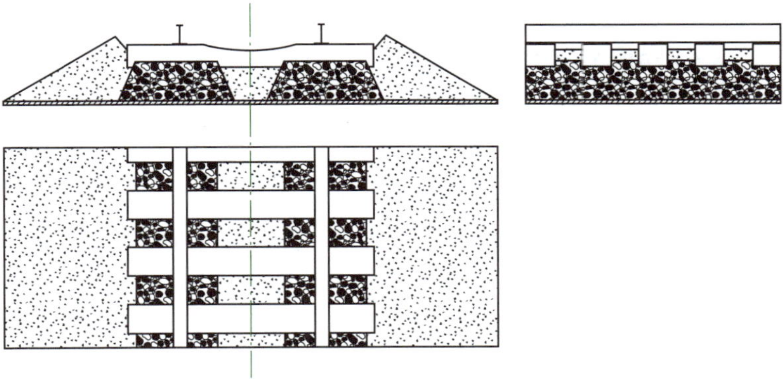

图 2.29　现浇式聚氨酯固化弹性道床

2.5　道岔区固化弹性道床的设计

2.5.1　岔区固化弹性道床技术背景

道岔是实现列车转线运行的主要结构，也是铁路线路的薄弱环节。列车通过道岔转辙器、辙叉部分形成的冲击，易造成道岔框架尺寸不良、几何形位变化，进而影响线路平顺性，引发晃车现象。与正线有砟轨道相比，道岔的复杂结构导致道岔区的道床受力不均、易劣化、难养护，若处理不善，则会造成道床刚度不均、岔枕局部空吊等病害，严重威胁列车的安全运行。

聚氨酯固化弹性道床技术已在我国区间正线成功应用，实践证明其具备整体稳定性好、累积变形小、后期维修工作量小等诸多优点。聚氨酯固化弹性道床技术应用于岔区，预期可提高道岔结构稳定性，延长道岔使用寿命，减少养护维修工作量。由于道岔区轨道结构复杂、浇注施工难度大，应结合道岔区轨道结构的特点，进行聚氨酯固化弹性道床的结构和工艺设计。

通过空间精细化列车—道岔—下部基础多体动力学耦合模型，对道岔区复杂断面道床内部的应力分布规律进行分析。选取道岔关键位置进行分析，12 号有砟轨道道岔的岔枕布置如图 2.30 所示，见右侧二维码。岔前选取道岔前普通地段，转辙器区取 4 号岔枕尖轨起点位置，导曲线取 45 号岔枕位置，辙叉区取 58 号心轨对应位置，岔后取 76 号岔枕位置，各位置在模型中的位置如图 2.31 所示。

图 2.30

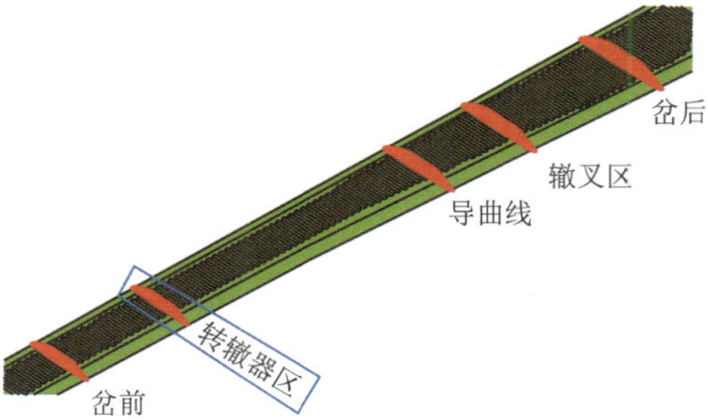

图 2.31 道岔结构示意

2.5.2 岔区道床的应力分布规律

1. 岔前道床力学特性

岔前断面的位移云图分布如图 2.32 所示。

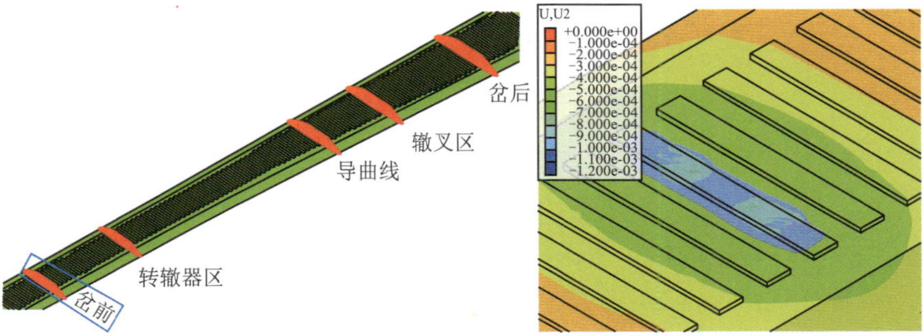

图 2.32 岔前道床整体位移云图

本节道床应力位移提取点为轨枕以下 0.2 m。列车荷载下散体道床轨道的道床垂向应力、垂向位移分布图以及道床垂向应力、垂向位移云图如图 2.33~ 图 2.36 所示。

列车荷载作用于道岔岔前时，道床垂向应力与道床垂向位移均呈倒马鞍形分布，且集中于钢轨正下方区域。道床垂向应力峰值为 0.074 MPa，道床垂向位移峰值为 0.734 mm。

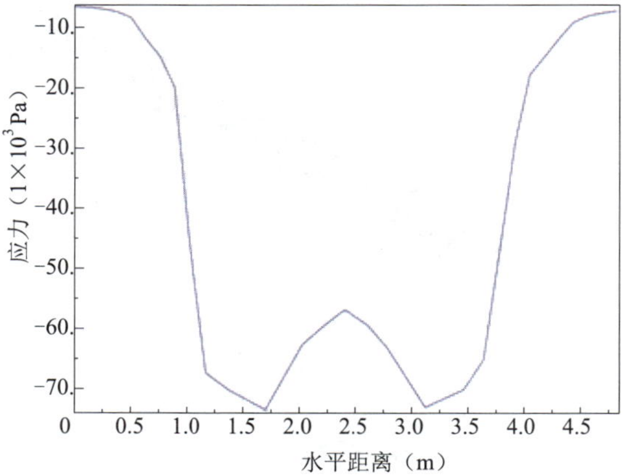

图 2.33　道床垂向应力分布

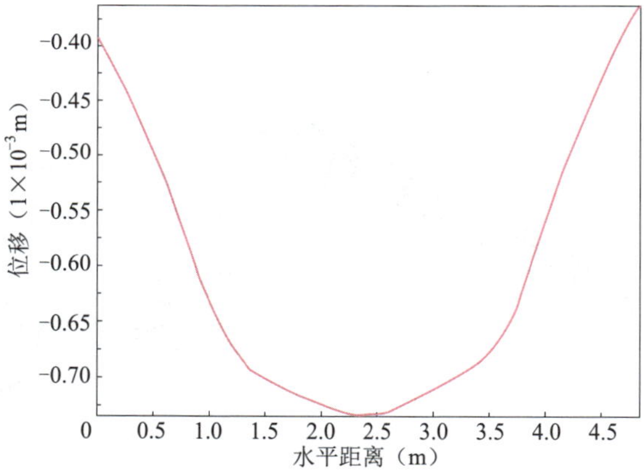

图 2.34　道床位垂向移分布

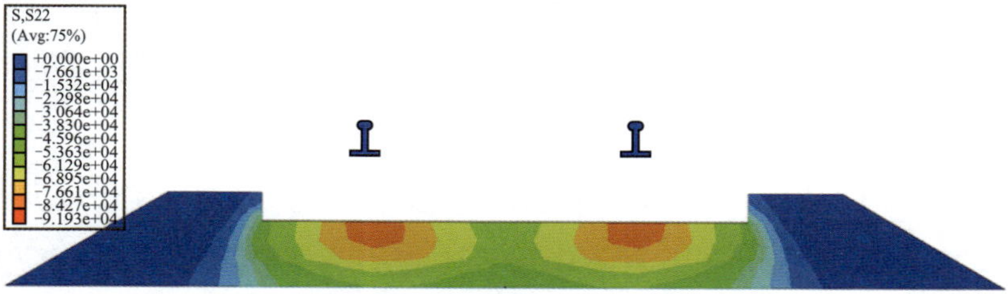

图 2.35　道床垂向应力云图

图 2.36　道床垂向位移云图

由图 2.35 和图 2.36 可知，道床垂向应力和垂向位移的最大值均出现在钢轨下方区域。道床垂向应力衰减较快。道床垂向应力和垂向位移主要出现在轨枕下方区域，道床两侧很小。

2. 转辙器区道床力学特性

所选取的转辙器区断面位置如图 2.37 所示。

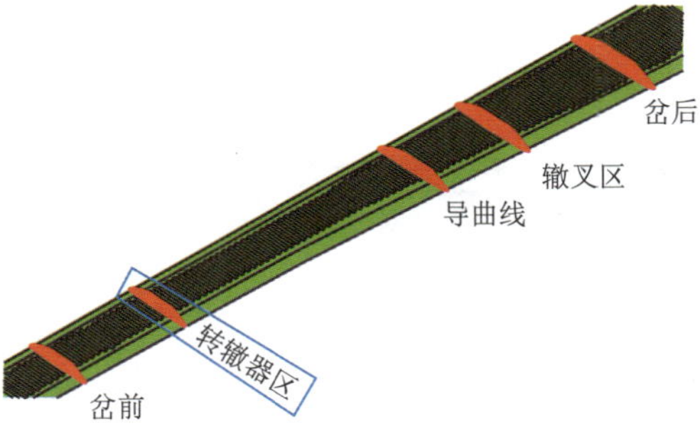

图 2.37　转辙器区道床断面位置示意

直向、侧向过岔时转辙器区道床整体位移云图及应力云图如图 2.38~ 图 2.41 所示。

图 2.42 为转辙器区直向、侧向过岔时应力对比图。由图 2.42 可知，直向过岔时右侧应力大，侧向过岔时左侧应力大，且侧向

过岔时应力峰值比直向大，这与其经过尖轨且侧向过岔时冲击更剧烈有关。考虑到直向、侧向应力叠加，转辙器区建议采用全断面聚氨酯固化。

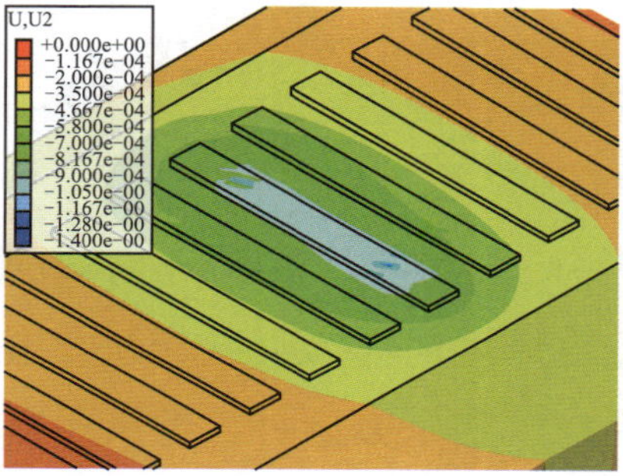

图 2.38　直向过岔转辙器区道床整体位移云图

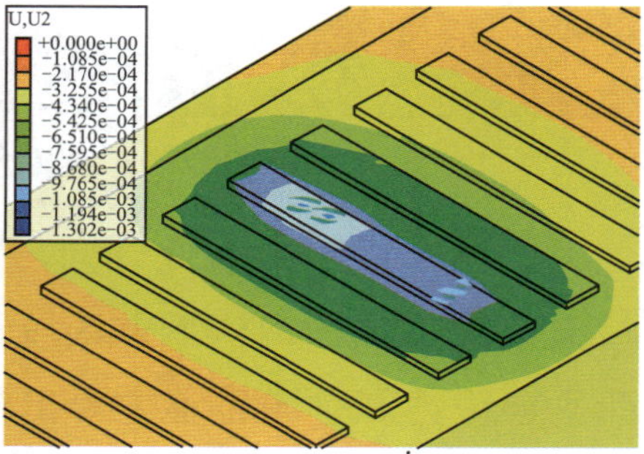

图 2.39　侧向过岔转辙器区道床整体位移云图

图 2.40　直向过岔道床应力云图

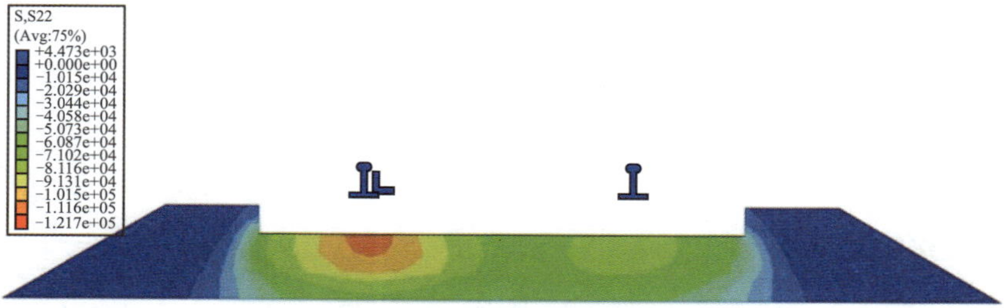

图 2.41　侧向过岔道床应力云图

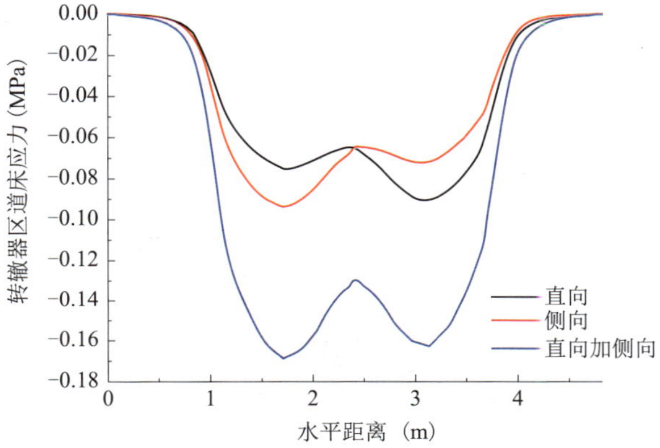

图 2.42　转辙器区应力直向、侧向综合对比

图 2.43 为转辙器区直向、侧向过岔时位移对比图。由图 2.43 可知，直向过岔时右侧位移大，侧向过岔时左侧位移大，且侧向过岔时位移峰值比直向大，这与其经过尖轨且侧向过岔时冲击更剧烈有关。考虑到直向、侧向位移叠加，转辙器区建议采用全断面聚氨酯固化。

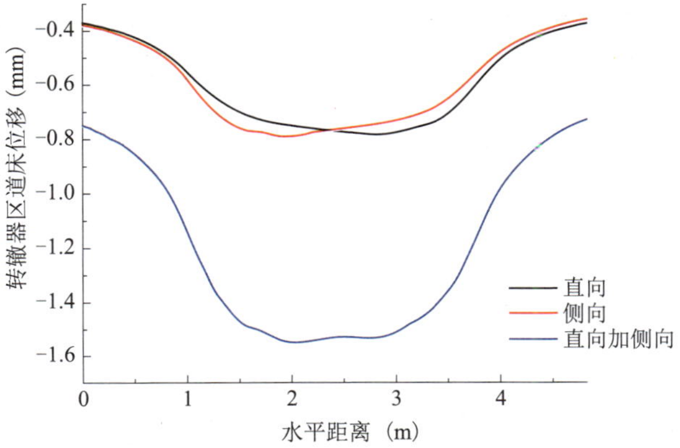

图 2.43　转辙器区位移直向、侧向综合对比

3. 导曲线位置道床力学特性

所选取的导曲线位置处道床断面位置如图 2.44 所示。图 2.45~ 图 2.48 为导曲线处道床位移云图及应力云图。

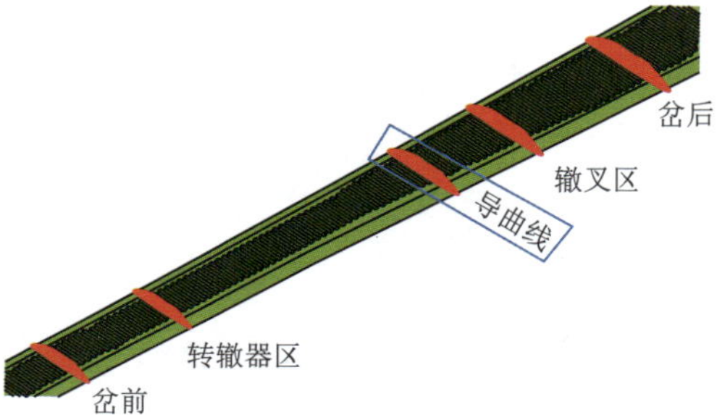

图 2.44　导曲线位置处道床断面位置示意

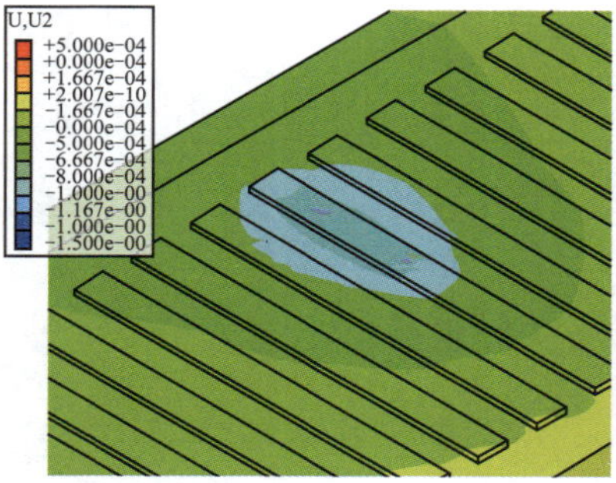

图 2.45　直向过岔导曲线道床整体位移云图

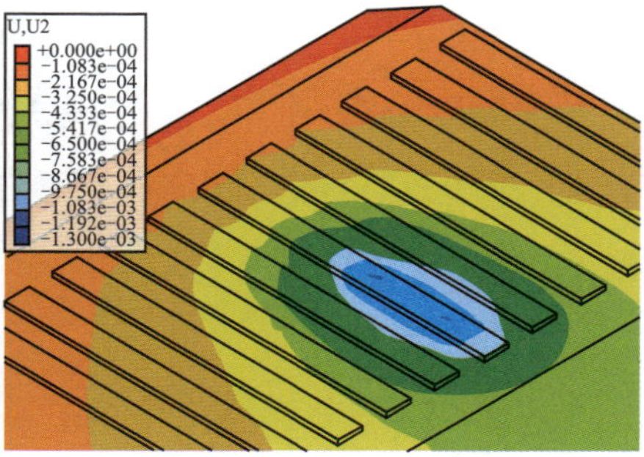

图 2.46　侧向过岔导曲线道床整体位移云图

图 2.47　直向过岔道床应力云图

图 2.48　侧向过岔道床应力云图

图 2.49 为导曲线处直向、侧向过岔应力对比。由图 2.49 可知，导曲线处直向、侧向过岔道床应力接近对称。考虑到应力叠加，建议导曲线处采用全断面聚氨酯固化。图 2.50 为导曲线处直向、侧向过岔位移对比。由图 2.50 可知，导曲线处直向、侧向过岔道床位移对称。考虑到位移叠加，建议导曲线处采用全断面聚氨酯固化。

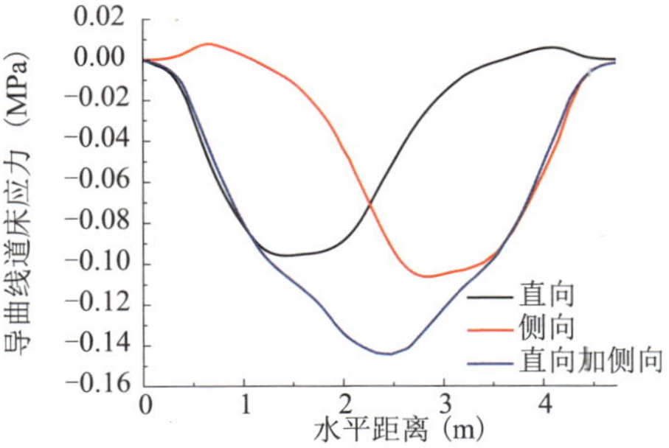

图 2.49　导曲线处应力直向、侧向综合对比

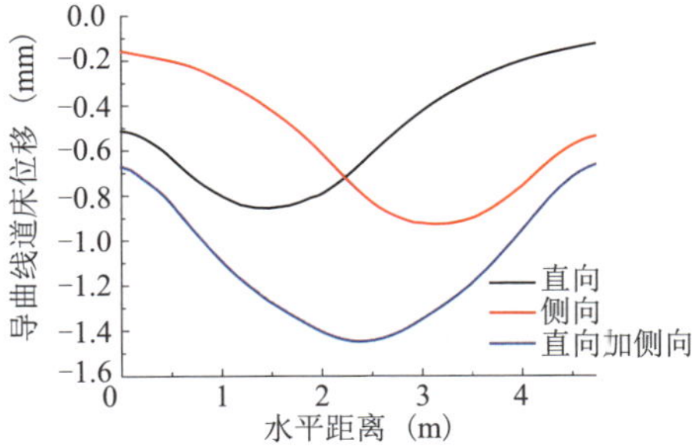

图 2.50　导曲线处位移直向、侧向综合对比

4. 辙叉区道床力学特性

所选取的辙叉区断面位置如图 2.51 所示。图 2.52~ 图 2.55 为辙叉区道床位移云图及应力云图。

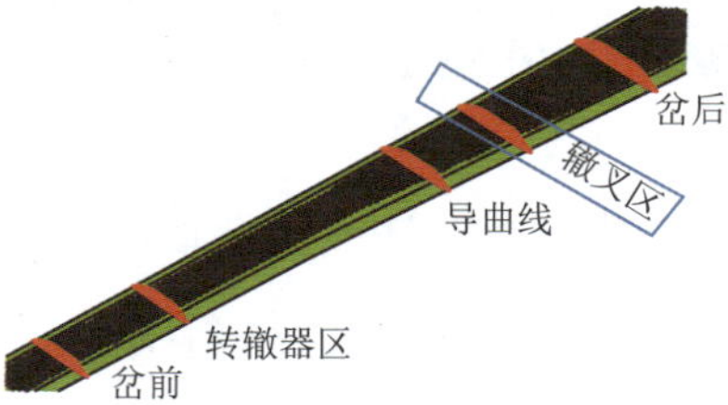

图 2.51　辙叉区道床断面位置示意

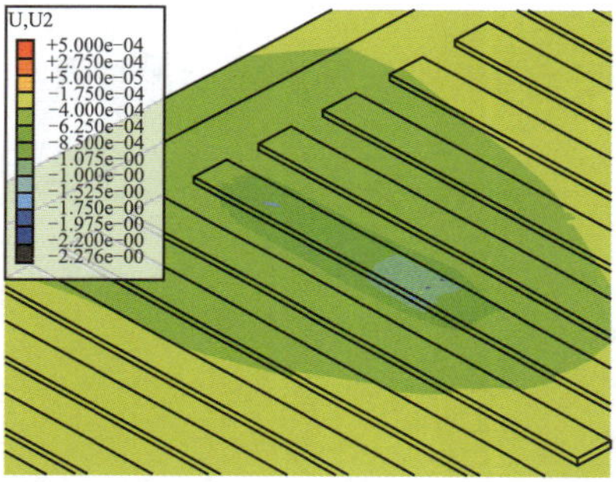

图 2.52　直向过岔辙叉区道床整体位移云图

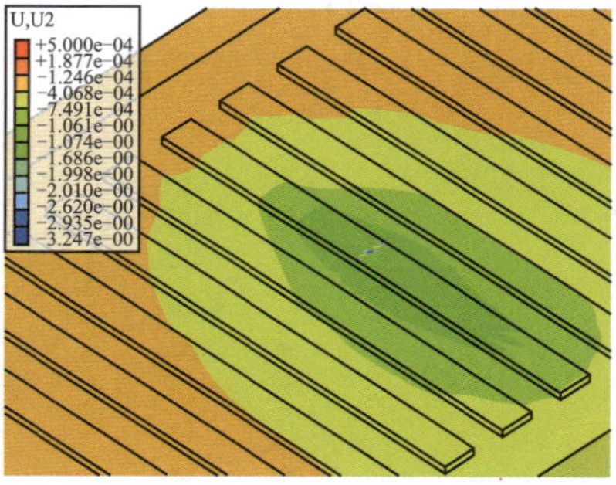

图 2.53　侧向过岔辙叉区道床整体位移云图

图 2.54　直向过岔道床应力云图

图 2.55　侧向过岔道床应力云图

图 2.56 为直向、侧向过岔时辙叉区应力对比。由图 2.56 可知，直向和侧向过岔时道床应力峰值均出现在轨道中间，这与列车经过心轨时冲击剧烈有关。同时，直向过岔时，左侧应力稍大，侧向过岔时右侧应力稍大。综合考虑直向、侧向过岔，建议辙叉区采用全断面聚氨酯固化。图 2.57 为直向、侧向过岔时辙叉区位移对比。由图 2.57 可知，直向和侧向过岔时道床位移峰值均出现在轨道中间，这与列车经过心轨时冲击剧烈有关。同时，直向过岔时，左侧位移稍大，侧向过岔时右侧位移稍大。综合考虑直向、侧向过岔，建议辙叉区采用全断面聚氨酯固化。

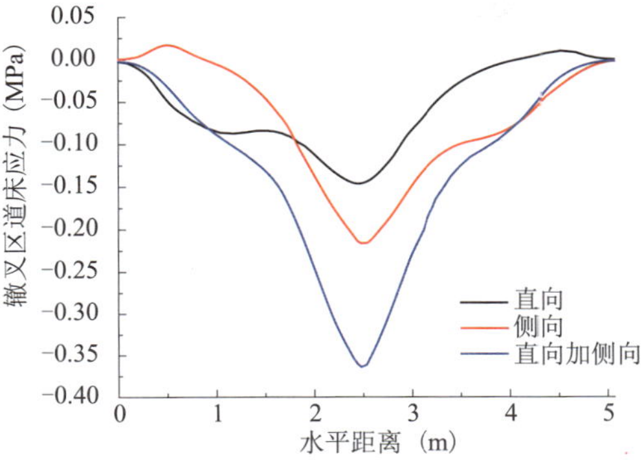

图 2.56　辙叉区应力直向、侧向综合对比

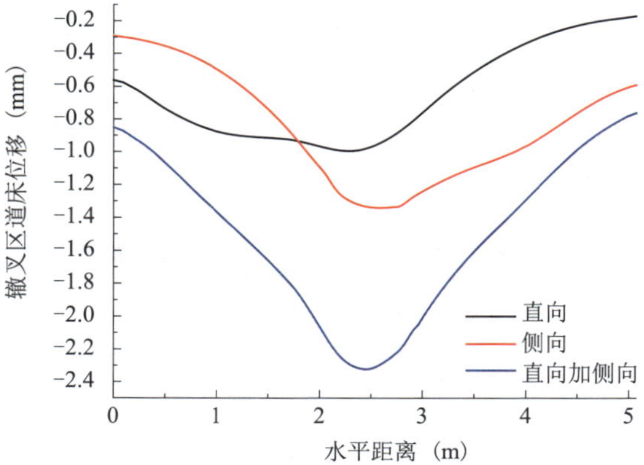

图 2.57　辙叉区位移直向、侧向综合对比

5. 岔后区道床力学特性

所选取的岔后区道床断面位置如图 2.58 所示。

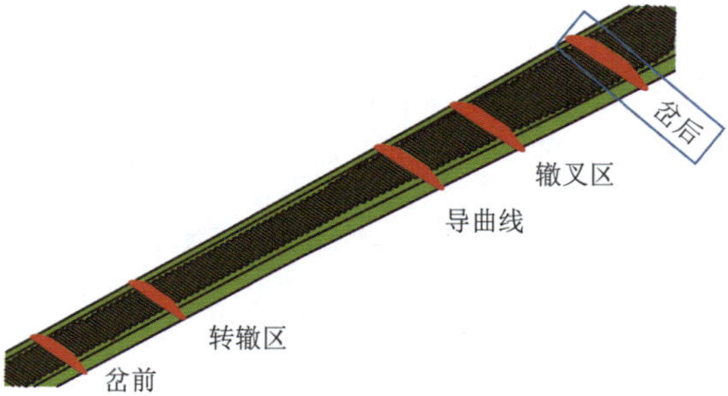

图 2.58　岔后区道床断面位置示意

图 2.59~ 图 2.62 为岔后区道床位移云图及应力云图。

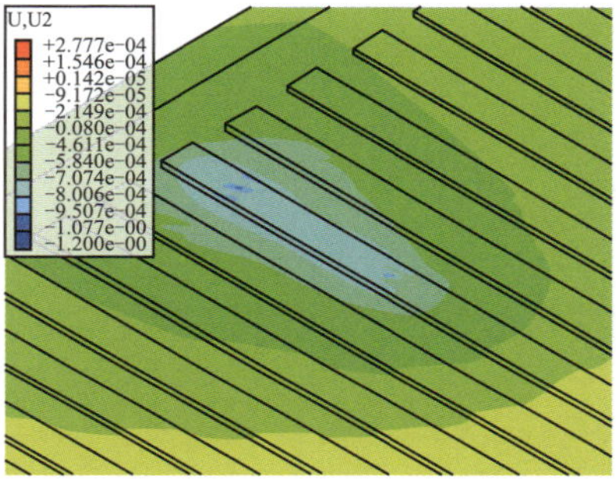

图 2.59　直向过岔岔后区道床整体位移云图

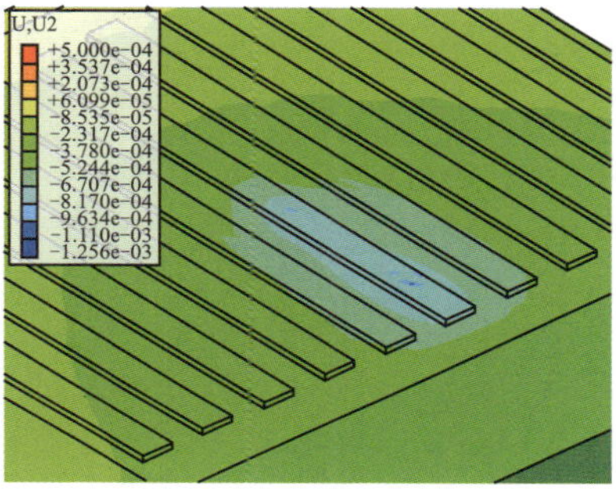

图 2.60　侧向过岔岔后区道床整体位移云图

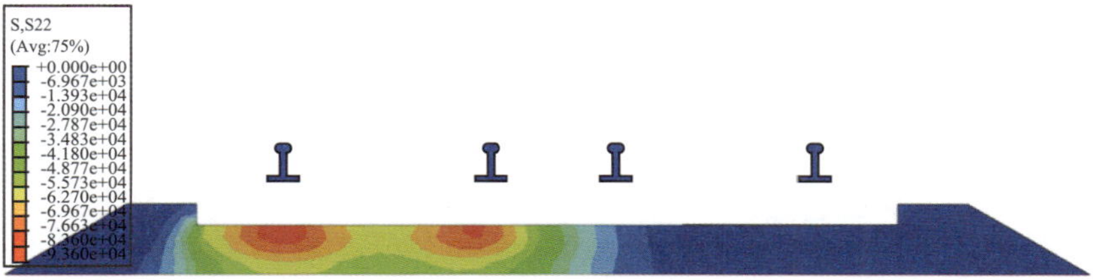

图 2.61　直向过岔道床应力云图

图 2.62　侧向过岔道床应力云图

图 2.63 为直向、侧向过岔时岔后区道床应力对比。由图 2.63 可知，直向、侧向过岔岔后区道床应力对称。图 2.64 为直向、侧向过岔时岔后区道床位移对比。由图 2.64 可知，直向、侧向过岔时岔后区道床位移对称。考虑到位移及应力叠加，建议岔后区采用全断面聚氨酯固化。

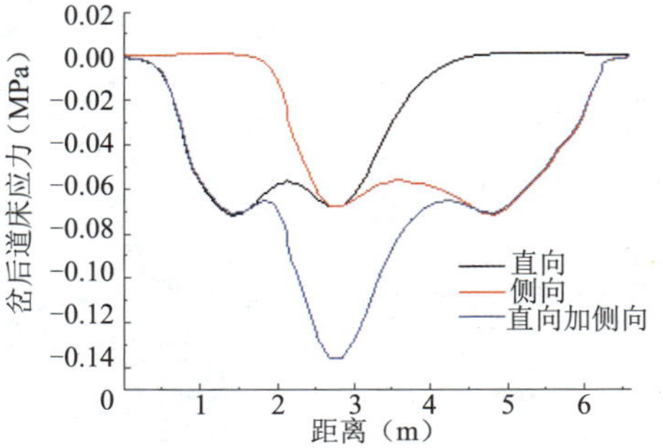

图 2.63　岔后区应力直向、侧向综合对比

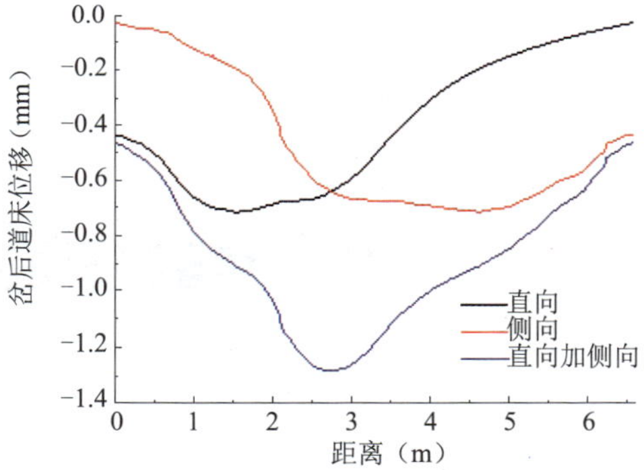

图 2.64　岔后区位移直向、侧向综合对比

2.5.3　岔区固化弹性道床的断面设计

综上，对于岔区与交叉渡线区域，根据道岔布置情况采用双梯形固化和全断面固化相结合的方式，道岔区聚氨酯固化方案如图 2.65 所示，见右侧二维码。

图 2.65

双梯形聚氨酯固化弹性道床的效果如图 2.66 所示，全断面聚氨酯固化形式如图 2.67 所示。

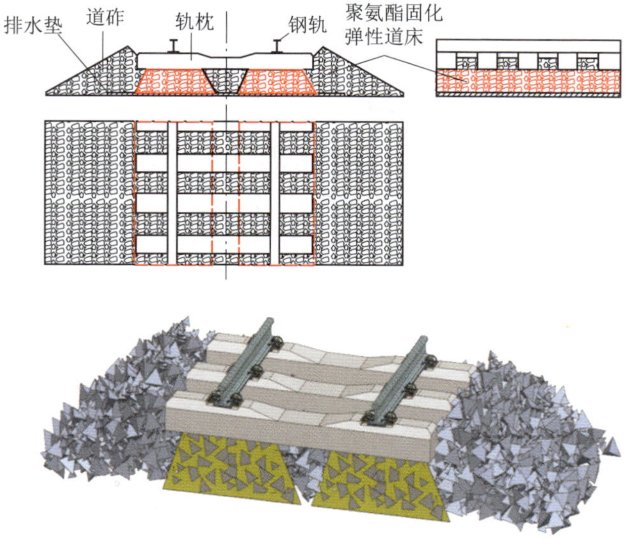

图 2.66 双梯形聚氨酯固化弹性道床结构断面

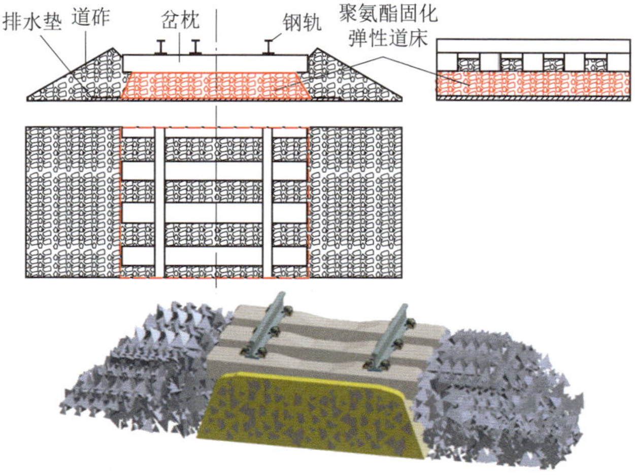

图 2.67 全断面聚氨酯固化弹性道床结构断面

2.6 小　　结

本章分三部分开展论述。第一部分介绍了固化弹性道床的刚度设计。第二部分介绍了固化弹性道床的扣件、轨枕两项关键轨道结构部件的设计。第三部分从道床应力分布规律、轨枕受力特性及道床断面尺寸设计等方面介绍了正线及道岔区固化弹性道床的设计方法及关键设计参数。

第3章

聚氨酯固化材料的性能及要求

聚氨酯固化弹性道床的材料包括道砟和聚氨酯固化材料。道砟可采用一级材质，级配可根据线路条件选用特级或一级。聚氨酯固化原材料在环保的前提下，工作性能和力学性均应满足固化道床结构性能和便于施工的要求。

3.1　碎石道砟的性能

3.1.1　道砟材质

碎石道床的主要结构功能是承受来自轨枕的压力并均匀地传递到路基顶面，使之不超过路基面的容许应力；提供保持轨道稳定的纵横向阻力，轨道弹性，减缓和吸收轮轨的冲击和振动，提供良好的排水性能；便于轨道养护维修作业，校正线路的平纵断面等功能。因而，构成碎石道床的道砟应具有质地坚韧、耐磨耗、不易压碎和捣碎等特性。我国采用抗磨耗、抗冲击、抗压碎、渗水、抗风化、抗大气腐蚀等材料指标参数对道砟的工作性能进行评估，并根据材料性能及参数指标将道砟分为特级和一级。聚氨酯固化弹性道床由于所采用的弹性材料增强了散体道床的力学性能，故对于道砟材质的要求，可降级使用，原设计特级道砟的线路，采用一级道砟也可满足需求。道砟的性能指标、检验标准及要求见表 3.1。

表 3.1　道砟材质分级指标

性能	指标名称	试验标准	一级道砟
抗磨耗、抗冲击性能	（1）洛杉矶磨耗率 LAA	TB/T 2140.2—2018	18% < LAA < 27%
	（2）标准集料冲击韧度 IP	TB/T 2140.2—2018	95 < IP < 110
	（3）石料耐磨硬度系数 $K_{干磨}$	TB/T 2140.2—2018	$18 < K_{干磨} \leqslant 18.3$

续上表

性能	指标名称	试验标准	一级道砟
抗压碎性能	（1）标准集料压碎率 CA	TB/T 2140.2—2018	8%≤CA＜9%
	（2）道砟集料压碎率 CB	TB/T 2140.2—2018	19%≤CB＜22%
渗水性能	（1）水温为 10 ℃的石粉渗透系数 P_m（10^{-6} cm/s）	TB/T 2140.2—2018	＞4.5
	（2）石粉试模件抗压强度 σ（MPa）	TB/T 2140.2—2018	＜0.4
	（3）石粉液限 LL	TB/T 2140.2—2018	＞20%
	（4）石粉塑限 PL	TB/T 2140.2—2018	＞11%
抗大气腐蚀性能	硫酸钠溶液浸泡损失率 L_a	TB/T 2140.2—2018	＜10%
稳定性能	（1）石料密度 ρ（g/cm³）	TB/T 2140.2—2018	＞2.55
	（2）石料容重 R_e（g/cm³）	TB/T 2140.2—2018	＞2.50

3.1.2 道砟级配

碎石道砟属于散粒体，其级配是指道砟中各种粒径颗粒的分布。道砟的级配对道床的物理力学性能、养护维修工作量有重要影响。现行标准考虑了道砟的级配要求，可保证道砟产品有最佳的颗粒组成。宽级配道砟由于道砟平均粒径的减小，大、小颗粒的相互配合以及道砟颗粒之间的填满，使得道砟有更好的强度和稳定性，也有利于道床作业。但在高速运营条件下小粒径道砟容易产生飞砟现象，因此采用了剔除小粒径颗粒的特级窄级配。聚氨酯固化弹性道床依据线路条件不同，选用特级或一级级配道砟，其级配粒径见表 3.2 和表 3.3。

表 3.2　特级道砟粒径级配

粒径	筛分机底筛和面筛筛孔边长（mm）22.4~63					
级配	方孔筛孔边长（mm）	22.4	31.5	40	50	63
	过筛质量百分率（%）	0~3	1~25	30~65	70~99	100
颗粒分布	方孔筛孔边长（mm）	31.5~50				
	颗粒质量百分率（%）	≥ 50				

表 3.3　一级道砟级配

方孔筛孔边长（mm）	16	25	35.5	45	56	63
过筛百分率（%）	0~5	5~15	25~40	55~75	92~97	97~100

特级道砟和一级道砟级配曲线分别如图 3.1 和图 3.2 所示。

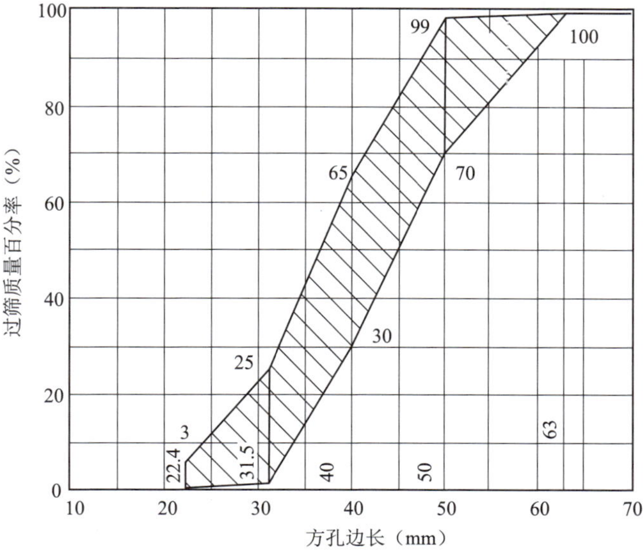

图 3.1　特级道砟级配曲线

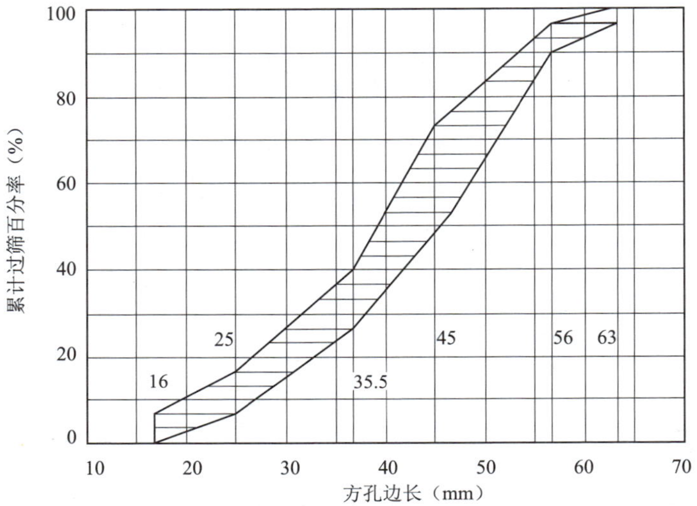

图 3.2　一级道砟级配曲线

3.1.3　道砟颗粒清洁度

道砟中的土团、粉末或其他杂质对道床的承载能力有影响，须对含量进行精确控制。土团是指那些泡水后出现软化，丧失强度的颗粒。粉末会脏污道床，加速道床的板结，影响道床的排水。一级道砟中风化颗粒和其他杂石含量不应大于 5%。

聚氨酯固化弹性道床铺设主要以现场浇注方式为主，即聚氨酯混合液浇注在道床顶面，使其顺着道砟颗粒之间的孔隙渗入道床内部深处，在道床内部空隙中发泡、膨胀，充填碎石道砟颗粒之间的空隙。聚氨酯泡沫与道砟颗粒粘结是否牢固，浇注断面是否符合设计要求，浇注前道床内部的脏污状况以及道砟颗粒表面的清洁度是其关键因素，故规定聚氨酯固化弹性道床工程用道砟颗粒表面清洁度不得大于 0.17%。

3.2　聚氨酯固化材料的原材料组成

聚氨酯固化材料的主要原材料包括多元醇、异氰酸酯、扩链交联剂、催化剂、匀泡剂、防老剂和阻燃剂等，每种原材料又包括多种类型，因此，在制备聚氨酯固化材料时，应根据聚氨酯固化材料的性能要求选择合适种类的原材料。

3.2.1　多元醇

多元醇构成聚氨酯分子结构的软段部分，是制备聚氨酯的主要原材料之一，对聚氨酯固化材料的可灌注性能、力学性能和耐久性能均有重要影响。通常有机化合物分子内含有两个以上羟基的化合物均称为有机多元醇化合物，多元醇中羟基与异氰酸酯中的异氰酸酯基团反应生成氨基甲酸酯。

作为聚氨酯泡沫的主要原料，通常要求多元醇分子中的羟基官能度大于 2，属于这类有机多元醇化合物的品种很多，但在聚氨酯行业中最常用的主要有聚醚多元醇和聚酯多元醇两大类。其中聚醚多元醇制备的聚氨酯材料低温柔顺性好，耐水解性能优良，且常温下为液体，虽机械性能不如聚酯多元醇优异，但聚醚多元醇的黏度较低，易与异氰酸酯、助剂等组分互溶，种类多，产量高，价格低廉。因此，从产品使用性、技术性和经济性考虑，优先选用聚醚多元醇。

3.2.2 异氰酸酯

异氰酸酯是制备聚氨酯固化材料的又一主要原材料，在分子结构中含有异氰酸酯基团的有机化合物统称为有机异氰酸酯化合物。聚氨酯泡沫塑料要求有机异氰酸酯化合物分子内有 2 个以上的异氰酸酯基团。

异氰酸酯主要分为脂肪族和芳香族两大类。由于脂肪族异氰酸酯分子结构中没有不饱和双键，由脂肪族异氰酸酯合成的聚氨酯材料不产生黄变，且具有优异的抗紫外性能、耐老化性能，并具有较好的热稳定性及力学性能。然而，根据聚氨酯固化材料的使用环境，道床固化后将被道砟覆盖，固化材料不直接接触紫外线，不存在黄变的条件。此外，脂肪族异氰酸酯合成路线和合成条件均较复杂，使得脂肪族异氰酸酯产量小，价格昂贵，不适合大量使用。因此，从使用环境和经济性考虑，应优先选用芳香族异氰酸酯。

3.2.3 外加剂

1. 扩链交联剂

扩链交联剂是一类多官能团、小分子量的活泼氢化合物，它们是某些聚氨酯泡沫塑料较常用的配合剂。聚氨酯高分子材料中刚性链段和柔性链段的数量以及分子链的长短除了与异氰酸酯和聚醚多元醇主要组成材料有关外，还与扩链交联剂的种类和用量有关。

扩链交联剂的品种较多，按其化学结构的不同可将扩链交联剂分为醇类、胺类和醇胺类。醇类能提高聚氨酯的韧性和硬度；胺类能生成内聚能较高的脲基，并且反应速度较快；醇胺类在扩链的同时又对聚氨酯中各原料间的反应产生一定的催化作用，不仅能提高泡沫体的压缩强度和拉伸强度，还能缩短泡沫体的熟化时间。每种扩链交联剂的使用功能都有所不同。因此，选择交联扩链剂时，要根据聚氨酯固化材料性能的具体要求，通过扩链交联剂对固化材料的性能研究，选择合适的扩链交联剂。

2. 催化剂

在聚氨酯泡沫发泡体系中，主要存在两类反应：异氰酸酯与水的反应，即发泡反应，反应的同时释放出 CO_2，使聚氨酯体系产生体积膨胀；异氰酸酯与多元醇和扩链交联剂的反应，即凝胶反应，构成聚氨酯的软段和硬段，形成聚氨酯的基本骨架。发泡反应与凝胶反应相辅相成，只有这二者基本达到平衡时才能制得良好的聚氨酯泡沫，即发泡反应完成时，泡沫网络骨架的强度能足以支撑发泡体的质量，形成最终的发泡体。加入催化剂的目的就是调节发气反应和凝胶反应，使二者能够达到平衡。

用于聚氨酯泡沫的催化剂大致可以分为发泡型、凝胶型和平衡型，但是三类之间没有明显界限，只是表现各自的反应倾向。为使发泡反应与胶凝反应尽快达到平衡，优先选用平衡型催化剂。

3. 匀泡剂

生产聚氨酯泡沫材料时，匀泡剂（泡沫稳定剂）是一个不可缺少的组分，除乳化泡沫物料、稳定泡沫和调节泡孔的作用之外，还能增加各组分的互溶性，有助于气泡的形成，控制泡孔的大小及均匀性，促使泡沫泡孔凝胶张力的平衡，使泡孔壁具有弹性，以留住气体，防止泡沫崩塌。它的用料虽然不大，但对泡沫体的泡孔大小和结构、物理性能、制造工艺都有很大的影响。

泡沫稳定剂属于表面活性剂的范畴，可以分为非硅系化合物和有机硅化合物两类。目前使用的泡沫稳定剂多属于有机硅表面活性剂，它的主要结构是聚硅氧烷—氧化烯烃嵌段共聚物。在聚氨酯固化材料体系中，为了获得较好的效果，可以通过调节聚硅氧烷的分子量和共聚醚的组成及分子量来实现。

4. 防老化剂

和其他高分子材料一样，聚氨酯固化材料在光、热等外界因素下会发生老化，材料的物理性能下降等现象，通常而言，需要加入一定量的防老化剂来延缓材料的老化。

5. 阻燃剂

聚氨酯材料固化材料和其他有机聚合物材料相同，是一种可燃性聚合物，聚氨酯泡沫材料的密度小，比表面积大，与非泡沫材料相比更容易燃烧。

阻燃剂一般分为添加型阻燃剂和反应型阻燃剂两类。添加型阻燃剂主要是含有磷、氮、卤素、锑、铝等元素的化合物，由于不含反应基团，这类阻燃剂对反应体系的影响较小，对制造工艺的影响也较小。因此，为减少阻燃剂对固化材料力学性能的影响，宜采用添加型阻燃剂。

3.3 聚氨酯材料的物理及力学性能要求

1. 良好的流动性和充填性

为实现填充功能，固化材料应具有良好的流动性、充填性，要求固化材料既要有较长的起发时间，使其具有充足的处于液态或可流动状态的时间，又需要防止起发时间过长，固化材料注入后，易顺底流淌，造成固化体形态不可控并产生较大的材料浪费。因此，固化材料应具有合适的起发时间，当浆液到达预定固化深度或扩散至一定范围时，浆液黏度迅速增加并转变为非流动态，以保证固化深度及固化体形态。

2. 适宜的体积膨胀性

固化材料具有的体积膨胀特性是实现将道砟间空隙填充饱满的基本前提。但是，固化材料的体积膨胀性也不是越大越好。对一定质量的固化材料来说，体积膨胀性越大，固化材料的密度越低，固化材料形成结构体的力学性能就越低，在列车动荷载作用下的变形将增大。为保证固化材料的力学性能，固化材料应具有适宜的体积膨胀性。

3. 适宜的力学性能

为实现定位功能，固化材料应与道砟颗粒粘结良好，具有足够的抗剪切、抗撕裂能力；为实现提供阻尼缓冲功能，固化材料应具有黏弹性体的性质，有适宜的模量、变形能力及变形恢复能力；为实现承载功能，固化材料应具有一定的强度。因此，固化材料应具有适宜的粘结强度、撕裂强度、压缩强度、拉伸强度。

4. 良好的耐久性能

良好的耐久性能是保证固化材料使用寿命的基本前提。结合聚氨酯固化材料的性能特点，服役中的固化材料面临的环境作用主要有湿热老化、干热老化和紫外线老化。为维持固化道床的正常使用寿命，要求固化材料应具有较好的耐湿热老化、干热老化和紫外老化性能。

3.3.1 聚氨酯材料的工作性能指标

聚氨酯固化材料的工作性能用起发时间、拉丝时间和表干时间三项参数表征。其中，起发时间指固化材料混合后，双组分间开始发生化学反应，并伴随体积膨胀和黏度增加所需的时间；拉丝时间指混合后材料产生胶凝，表面可拉丝所需的时间；表干时间是指混合后固化材料产生最大体积膨胀，完全失去流动性且表面不粘手所需的时间。其中，起发时间是影响固化材料渗透填充能力的重要因素。

为确定聚氨酯固化材料合适的起发时间，采用不同起发时间的固化材料进行了浇注试验，不同起发时间的固化材料在道砟中的渗透深度见表 3.3。

表 3.3　不同起发时间固化材料在道砟中渗透深度

起发时间（s）	3	5	10	15	20	25
渗透深度（cm）	29	36	39	49	57	68

通常枕下有砟道床的厚度为 30~50 cm。由表 3.3 可以看出，对于厚度为 30~50 cm 的碎石道床，采用起发时间为 3 ~15 s 的固化材料进行浇注，固化深度能够达到道床底部，此时，固化材料的表干时间为 30~130 s。基于此，所形成的聚氨酯混合液工作性能要求见表 3.4。

表 3.4　聚氨酯混合液工作性能要求

序号	项　　目	技术要求
1	起发时间（s）	3~15
2	表干时间（s）	30~130
3	聚氨酯自由泡沫体密度（kg/m^3）	≥ 130

3.3.2　聚氨酯材料的力学性能指标

服役中的聚氨酯固化材料与道砟一起承受各种荷载的作用，聚氨酯固化材料主要用于提高道床的稳定性并降低道床的累积残余变形，因此可以通过测试聚氨酯固化材料—道砟固结体在循环荷载作用下的累积残余变形，确定聚氨酯固化材料的力学性能指标。

采用圆桶围压试验测试固结体的累积残余变形，圆桶试模为自制有底无盖钢模，圆桶的尺寸为 Φ500 mm × 500 mm，圆桶壁厚为 5 mm。采用三种不同性能的聚氨酯材料浇注了圆桶试样，力学性能见表 3.5。

表 3.5　聚氨酯固化材料的力学性能

序号	项目	1 号材料	2 号材料	3 号材料
1	表观密度（kg/m^3）	140	160	230
2	拉伸强度（MPa）	0.20	0.25	0.35
3	断裂伸长率	142%	155%	170%
4	撕裂强度（N/m）	400	500	780
5	10% 压缩强度（kPa）	10	12	17

不同性能聚氨酯泡沫材料灌注的圆桶围压试样经循环加载后的累积残余变形如图 3.3 所示。

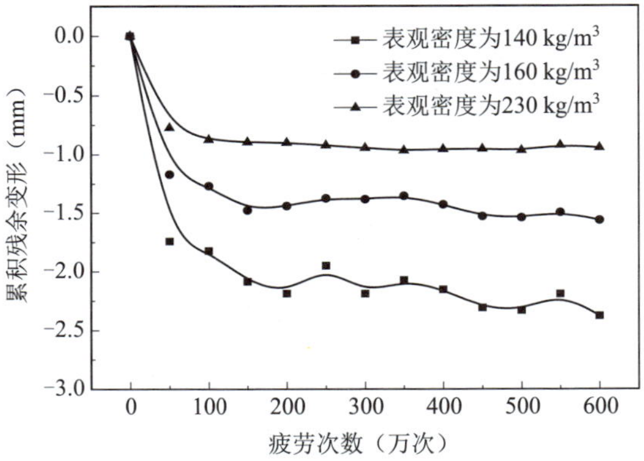

图 3.3　不同性能聚氨酯泡沫材料与道砟固结体的累积残余变形

由图 3.3 可以看出，随着疲劳次数的增加，聚氨酯固化材料—道砟固结体的累积残余变形逐渐增大。疲劳 100 万次后，固结体累积残余变形增大的趋势显著变缓，并趋于稳定。经 600 万次疲劳荷载作用后，三种表观密度固化材料灌注的固结体的累积残余变形分别不超过 2.5 mm、1.5 mm 和 1.0 mm，表明聚氨酯固化材料的密度对固结体的体积稳定性有重要影响，随着固化材料密度的增加，固结体的累积残余变形减小。聚氨酯泡沫的物理力学性能要求应满足表 3.6 的要求。

表 3.6 聚氨酯泡沫体物理力学性能要求

序号	项目	技术要求
1	表观密度（kg/m^3）	285 ± 10
2	压缩强度（10% 变形，kPa）	≥ 25
3	拉伸强度（MPa）	≥ 0.4
4	断裂伸长率	≥ 200%
5	撕裂强度（N/m）	≥ 800
6	压缩永久变形（50%，70 ℃，22 h）	≤ 10%

3.3.3 聚氨酯材料的耐久性能指标

聚氨酯固化材料经老化后的力学性能保持率应满足表 3.7 的要求，检验方法按国家标准执行。

表 3.7 聚氨酯固化材料的耐老化性能

序号	项目		性能指标
1	干热老化后（110 ℃，28 d）	拉伸强度保持率	≥ 70%
		断裂伸长率保持率	≥ 70%

续上表

序号	项　目		性能指标
2	湿热老化（80 ℃，95%RH，7 d）	拉伸强度保持率	≥ 80%
		断裂伸长率保持率	≥ 80%
3	耐紫外线老化（7 d）	拉伸强度保持率	≥ 80%
		断裂伸长率保持率	≥ 80%

此外，在外部环境富水的条件下，若聚氨酯材料具有较大的吸水率，则可能对周边的混凝土结构产生较大的影响，因此，聚氨酯材料本身的吸水率应≤ 25%（4 d）。

3.4　聚氨酯材料的环保性能要求

聚氨酯固化弹性道床服役过程中，固化材料会接触到水，为保证不污染环境，要求固化材料受水浸泡后，材料中的有害离子不会被溶出，不会污染地下水。固化道床在使用过程中，有可能会遇到火源，因此，要求固化材料具有一定的阻燃性能，遇到火源时不易起火燃烧，即使起火燃烧后，产生的烟雾也不会污染环境。

3.4.1　聚氨酯材料的有害物质控制

聚氨酯固化材料形成的泡沫体长期泡水后，基本没有有害离子析出，聚氨酯固化材料泡水后基本不会对环境产生影响，但仍需严格控制原材料中的有害物质。因此，聚氨酯原材料不应含有游离的甲苯二异氰酸酯（TDI），异氰酸酯性能应满足表 3.8 的规定，聚醚多元醇组合料性能应满足表 3.9 的规定，聚醚多元醇组合料中有害物质限量应满足表 3.10 的规定。

表 3.8 异氰酸酯性能要求

序号	项　　目	技术要求
1	外观（25 ℃）	均匀黏稠液体、无结晶物析出
2	与基准样[a]黏度相对偏差（25 ℃）	≤ 15%
3	密度（g/cm^3，25 ℃）	1.02~1.20
4	与基准样[a]NCO 含量相对偏差	≤ 5%

[a]：基准样指由原材料供应商提供的原材料样品。

表 3.9 聚醚多元醇组合料性能要求

序号	项　　目	技术要求
1	外观（25 ℃）	均匀黏稠液体、无结晶物析出
2	与基准样[a]黏度相对偏差（25 ℃）	≤ 15%
3	密度（g/cm^3，25 ℃）	0.95~1.05
4	与基准样[a]含水量相对偏差	≤ 5%
5	与基准样[a]总羟值相对偏差	≤ 5%

[a]：基准样指由原材料供应商提供的原材料样品。

表 3.10 聚醚多元醇组合料有害物质限量要求

序号	项　　目	技术指标
1	挥发性有机化合物 VOC（g/L）	≤ 100
2	可溶性铅 Pb（mg/kg）	≤ 90
3	可溶性镉 Cd（mg/kg）	≤ 75
4	可溶性铬 Cr（mg/kg）	≤ 60
5	可溶性汞 Hg（mg/kg）	≤ 60

3.4.2 聚氨酯材料的阻燃性能

聚氨酯固化材料属于易燃品，参考国标中关于聚氨酯泡沫阻燃性能的相关规定，确定聚氨酯固化材料的平均燃烧时间不大于 30 s，平均燃烧高度不超过 250 mm，氧指数不低于 26% 或达到 HB40 级材料阻燃要求且氧指数≥ 22%。

3.5 小　　结

本章重点针对构成聚氨酯固化弹性道床的道砟及聚氨酯两种原材料的要求进行了分析，并提出了聚氨酯—道砟结构体的测试方法和耐久性控制标准。

1. 对于组成聚氨酯固化弹性道床的道砟，其材质应满足表 3.1 的规定。

2. 聚氨酯原材料的环保性能应同时满足表 3.8~表 3.10 的要求。

3. 本章从聚氨酯固化材料的功能出发，系统分析了固化材料的性能要求，并针对聚氨酯材料的环保性能、工作性能、力学性能、耐久性能、阻燃性能等方面提出了聚氨酯固化材料的性能指标要求。聚氨酯混合液及成型后的聚氨酯泡沫应分别满足表 3.4 和表 3.11 的要求。

表 3.11　聚氨酯泡沫体物理力学性能要求

序号	项　　目	技术要求
1	密度（kg/m^3）	285 ± 10

续上表

<table>
<tr><th>序号</th><th colspan="2">项　目</th><th>技术要求</th></tr>
<tr><td>2</td><td colspan="2">压缩强度（10% 变形，kPa）</td><td>≥ 25</td></tr>
<tr><td>3</td><td colspan="2">拉伸强度（MPa）</td><td>≥ 0.4</td></tr>
<tr><td>4</td><td colspan="2">断裂伸长率</td><td>≥ 200%</td></tr>
<tr><td>5</td><td colspan="2">撕裂强度（N/m）</td><td>≥ 800</td></tr>
<tr><td>6</td><td colspan="2">压缩永久变形（50%，70 ℃，22 h）</td><td>≤ 10%</td></tr>
<tr><td rowspan="4">7</td><td rowspan="4">拉伸强度保持率</td><td>干热老化（110 ℃，28 d）后</td><td rowspan="4">≥ 80%</td></tr>
<tr><td>湿热老化（80 ℃，95%RH，7 d）后</td></tr>
<tr><td>耐紫外线老化（7 d）后</td></tr>
<tr><td>低温性能恢复能力（–20 ℃，7 d）</td></tr>
<tr><td rowspan="4">8</td><td rowspan="4">断裂伸长率保持率</td><td>干热老化（110 ℃，28 d）后</td><td rowspan="4">≥ 80%</td></tr>
<tr><td>湿热老化（80 ℃，95%RH，7 d）后</td></tr>
<tr><td>耐紫外线老化（7 d）后</td></tr>
<tr><td>低温性能恢复能力（–20 ℃，7 d）</td></tr>
<tr><td>9</td><td colspan="2">阻燃性能</td><td>氧指数≥ 26% 或达到 HB40 级材料阻燃要求且氧指数≥ 22%</td></tr>
<tr><td>10</td><td colspan="2">吸水率（4 d）</td><td>≤ 25%</td></tr>
</table>

第4章

聚氨酯固化弹性道床轨道结构的力学特性

聚氨酯固化弹性道床的力学性能不同于普通有砟道床，采用圆桶试件和实尺模型试验可以得到固化弹性道床的变形和累积变形特性，而膨胀变形测试对于固化道床的施工过程控制，保证固化道床施工后的平顺性具有重要意义。

聚氨酯固化弹性道床轨道结构的行为主要分为两大类，一是结构施工完成之后在列车荷载作用下的变形特性；二是在聚氨酯固化道床浇注施工期间，因材料发泡所引起的结构膨胀变形。本章的第 1 节重点对本章所采用的试验方法进行了综合介绍；第 2、3 节分别通过圆筒试验及实尺模型试验对聚氨酯固化弹性道床的单次荷载变形特性及累积变形特性进行了探讨；第 4 节重点探讨了浇注过程中因材料发泡所引起的施工中轨道结构变形及其控制措施。

4.1　聚氨酯固化弹性道床试件的变形特性

4.1.1　圆筒围压试验方法

圆筒试验是道砟试验的常用方法，以模拟有围压道床在列车荷载作用下的力学响应。聚氨酯固化弹性道床采用圆筒试验进行了荷载—变形试验和疲劳试验。对于隧道内固化道床来说，道床底面为刚性基础，采用圆筒试验其底部边界条件比较简单，主要是确定其模拟范围，使其侧面符合周边道床的围压特点。目前，我国重载铁路轨枕间距一般为 540~600 mm，轨下轨枕底面宽度为 260~300 mm，考虑聚氨酯固化弹性道床顶面宽度为 850 mm，在圆筒试验中，模拟范围确定为直径 500 mm，圆桶加工示意如图 4.1 所示。

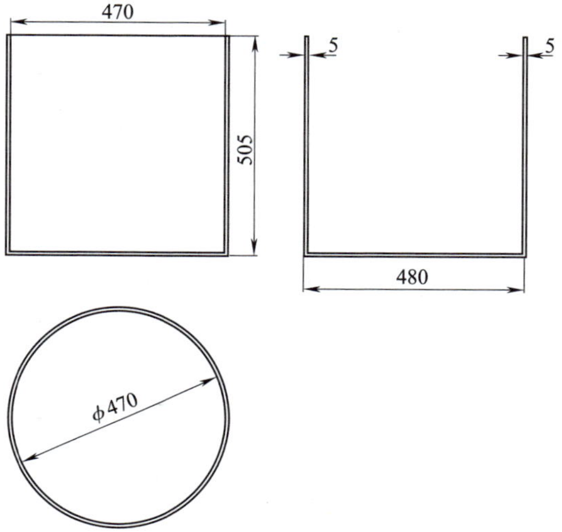

图 4.1　圆筒加工示意（单位：mm）

1. 试样的制备

（1）试验采用特级材质、一级级配碎石道砟，其表面清洁度应符合特级道砟标准。依据道砟容重和试样孔隙率，以及试样总体积 60 723 cm^3，按表 4.1 规定称取道砟试样 3 份。

表 4.1　碎石道砟试样质量（kg）

道砟容重（N/m^3）		2.5	2.6	2.7	2.8	2.9	3.0	3.1
孔隙率	38%	95.1	97.9	101.7	105.4	109.2	112.9	116.7
	40%	91.1	94.7	98.4	102.0	105.7	109.3	112.9

（2）每份道砟试样分三次填入圆筒，第一次填约 15 cm 厚，道砟顶面压上重块铁，振动密实 4 min；第二次再填约 10 cm 厚，同样压上重铁块，振动密实 4 min；第三次剩余道砟全部填入筒

内，压上重铁块振动密实 5 min，经三次振动密实，筒内试样厚度为 35 cm。

（3）测试浇注前碎石道砟围压试件静态弹性模量，记为 C_0。

（4）碎石道砟试样顶面用图 4.2 所示的圆形压板压紧、固定，以防浇注试样顶面膨胀变化。

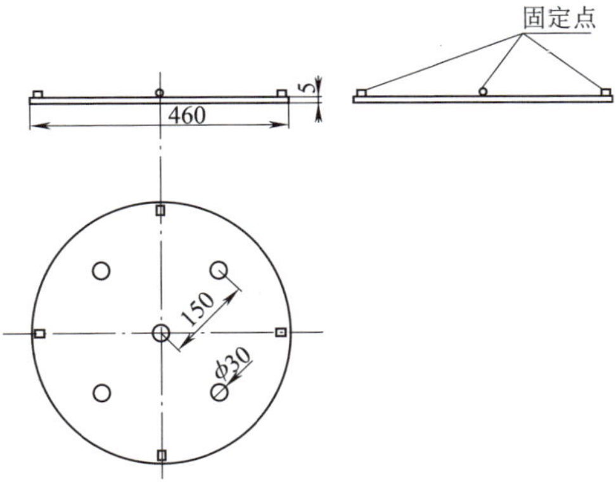

图 4.2　浇注聚氨酯时的圆筒压板（单位：mm）

（5）按聚氨酯材料配方的组分特性、原材料配合比，调配聚氨酯浇注液。

（6）进行聚氨酯混合料的反应特性试验，记录其起发时间、表干时间及自由发泡密度。

（7）按规定的孔位，浇注一定量的聚氨酯混合液，每个试件浇注量 6~7 kg，记录浇注道床温度、相对湿度及环境气温。

（8）浇注 24 h 后，松开试件顶面的压板，压板尺寸如图 4.2 所示，测定顶面回弹量，并记录。

2. 试验步骤

（1）试验用所有部件和设备须在 23 ℃ ±2 ℃的环境中至少静置 24 h。

（2）围压试件安放在刚性基础上，加载板放置于圆筒中心。

（3）施加循环荷载进行预压，荷载为 F_{min} 至 F_{max}，荷载循环 1×10^4 次，加载频率 4 Hz。

（4）在围压试件顶部设置一固定参照物，在加载板上均布标记 3 个点，用游标卡尺测量其与参照物上固定的一点的距离，记为 S_{11}，S_{12}，S_{13}。

（5）将三个位移测试仪固定在圆筒上，均布测量加载板的位移。

（6）将三个位移测试仪调零开始试验，以 1 mm/min 或 1 kN/s 的速度均匀加载，加载至 F_{max} 时卸载至 F_{min}，重复加载两次后，第三次加载开始记录，分别记录加载值和位移（为三个位移测试仪读数的平均值）的曲线图，以第三次加载曲线为准。计算此时的静态模量，记为 C_1。

（7）用式（4.1）计算静态模量：

$$C_i=\frac{F_1-F_0}{A\left(D_{i1}-D_{i0}\right)} \tag{4.1}$$

式中 A——加载板的面积（cm^2）；

F_0——计算围压试件静态弹性模量的下限荷载，$F_0=0.002A$（kN）；

F_1——计算围压试件静态弹性模量的上限荷载，$F_1=0.01A$（kN）；

F_{min}——向围压试件施加的最小荷载，$F_{min}=0.01A$（kN）；

F_{max}——向围压试件施加的最大荷载，

高速铁路，$F_{max}=0.013A$（kN），

轴重≤ 25 t 时，$F_{max}=0.02A$（kN），

轴重＞ 25 t 时，$F_{max}=0.025A$（kN）；

D_{i0}——被测道砟垫在加载至 F_0 时的位移（mm）；

D_{i1}——被测道砟垫在加载至 F_1 时的位移（mm）；

C_i——围压试件的静态弹性模量（N/mm^3），$i=0$，1，2，…。

（8）对围压试件施加循环荷载，荷载变化范围为 F_{min} 至 F_{max}，荷载循环 3×10^6 次，加载频率 3~4 Hz。

（9）每隔 50 万次测定围压试件的静态模量和累积变形，分别记为 C_i，S_{i1}，S_{i2}，S_{i3}。

（10）围压试件静态模量变化率计算方法为

$$\Delta C_i=(C_i-C_1)/C_1\times100\% \tag{4.2}$$

4.1.2　单次荷载—变形试验结果分析

图 4.3 为聚氨酯围压试件浇注前后静态加载—卸载位移曲线，包括普通碎石道床和聚氨酯固化弹性道床的加、卸载曲线。可以看出，普通碎石道床围压试件的力—位移呈线性关系，且基本重合，卸载之后基本原路返回，且不能回到原点，说明有一定的残余变形；其加载—卸载曲线形成一个半月状，加载、卸载曲线不

重合，加载曲线在上、卸载曲线在下，在卸载时聚氨酯固化弹性道床中的半硬泡沫体的阻尼特性显现，卸载曲线明显比加载曲线滞后，当试验荷载恢复为零时，围压试件在半硬泡沫体的作用下继续恢复，直至残余变形为0，说明聚氨酯固化弹性道床试件呈现了的良好的弹性和阻尼性能，说明聚氨酯固化弹性道床结构将会有良好的减振性能，有利于吸收缓冲列车冲击振动，能有效减轻列车冲击振动对线下结构的振动影响。

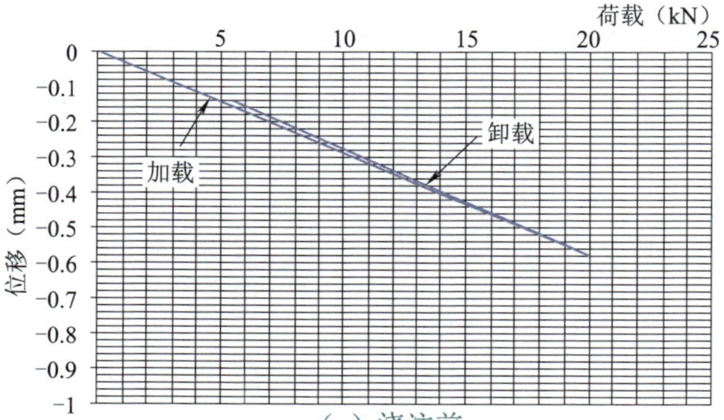

（a）浇注前

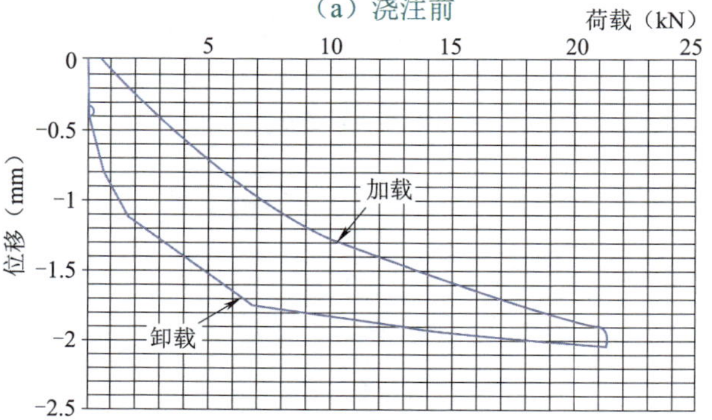

（b）浇注后

图 4.3　围压试件浇注前后加载—卸载曲线

4.1.3　重复加载试验变形结果

对聚氨酯固化弹性道床试件施加循环荷载，在重复试验荷载作用次数 0~100 万次的初期阶段，其累积变形发展较快，累积沉降最大约 1 mm；其后变形较缓慢，到 300 万次时其总累积沉降未超过 1.2 mm，而 100 万次到 300 万次循环时累积沉降小于 0.3 mm，说明聚氨酯固化弹性道床结构体材料在经过初期的稳定后，具有很好的抗累积变形的能力。

4.2　聚氨酯固化弹性道床累积变形特性及弹性保持能力

圆桶围压试件在测试时的边界条件为刚性圆桶壁，与工程实际中道床所受的围压条件具有一定的差异，而实尺模型试件采用三跨轨枕制作模型进行测试，能更好地反映轨道结构的实际受力情况。

4.2.1　实尺模型累积变形试验方法

1. 试样的制作

制作混凝土板底 1 块，实尺模型用混凝土底板尺寸如图 4.4 所示。

（1）长 3.5 m× 宽 2 m× 高 0.5 m 围板，安装在混凝土板上。

（2）准备特级材质、一级级配道砟试样 5 t，其材质和粒径级配应符合《铁路碎石道砟》（TB/T 2140）相应规定，表面清洁度应符合特级道砟标准要求。

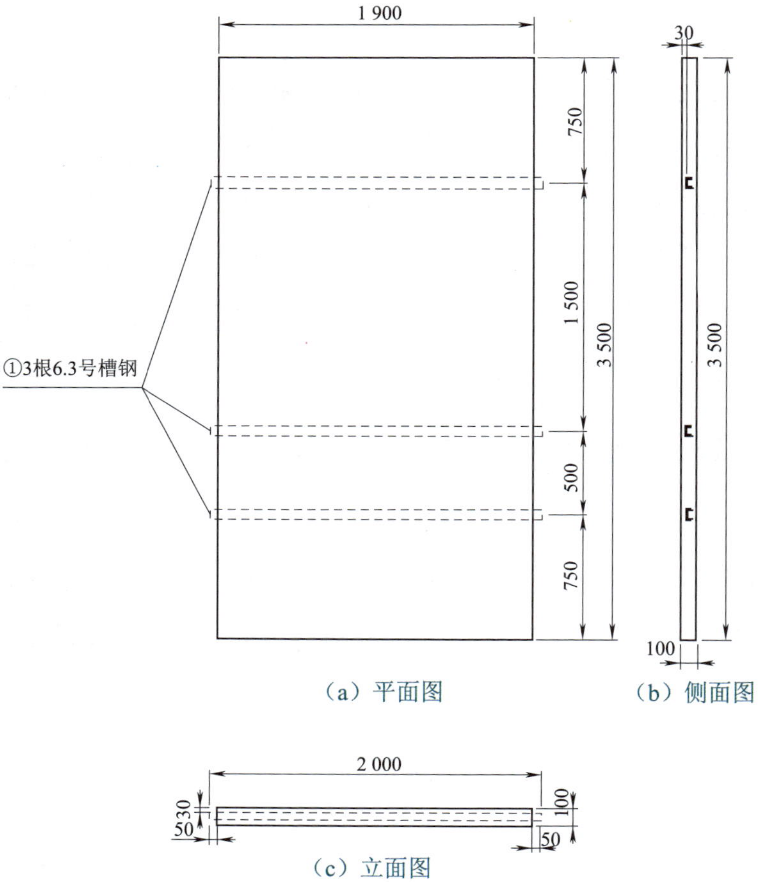

图 4.4　实尺模型用混凝土板（单位 mm）

（3）道砟试样分三次填入围板内。第一次填 150 mm 厚，捣固、稳定密实；第二次再填 100 mm 厚，捣固、稳定密实；第三次填砟，使稳定密实后厚度达到 350 mm。

（4）铺轨枕 3 根，用短钢轨及扣件联结，再施加 300 kN 垂向荷载，用手持式捣固机进行捣固，使道床密度不小于

1.70 g /cm^3。

（5）先测量枕下道床的密度，并依据道砟的容重，换算枕下道床的孔隙率γ。然后，再测试浇注前枕下道床静态模量 C_{s0}。

（6）进行聚氨酯浇注作业之前，在每根钢轨上施加不小于 50 kN 的垂向荷载，并测定道床温度、相对湿度，并连同环境气温等详细记录。然后按设计断面要求，浇注三根轨枕枕下道床，每根轨枕灌注量 40~60 kg。制备的聚氨酯实尺模型试件示意如图 4.5 所示。

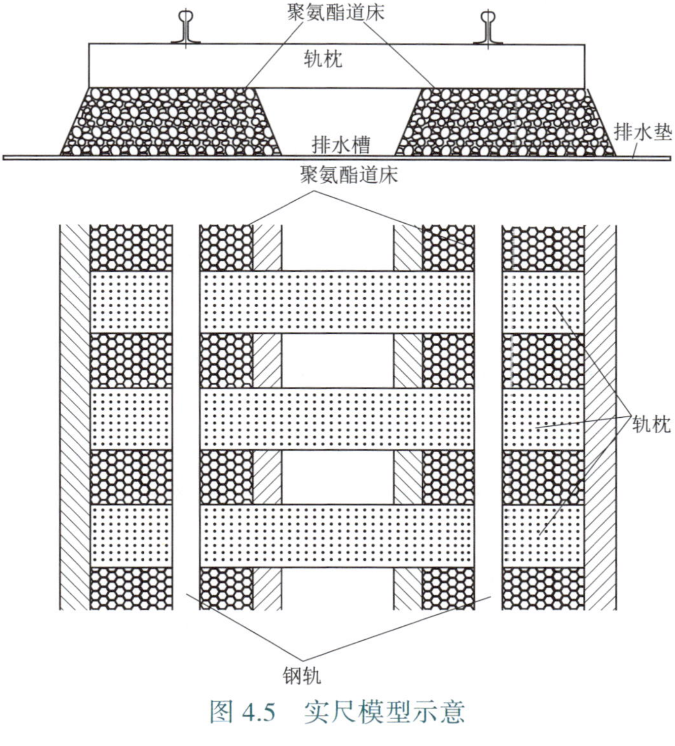

图 4.5　实尺模型示意

2. 试验荷载

（1）高速铁路

分三阶段施加疲劳循环荷载，最小荷载为 10 kN，最大荷载分别为 P_{NG1}=110 kN、P_{NG2}=130 kN、P_{NG3}=150 kN。每个循环 P_{NG1}、P_{NG21}、P_{NG3} 加载次数比例为 63∶147∶46，共加载次数 5×10^6 次。荷载波形为正弦简谐荷载，频率为 3~4 Hz。

（2）重载铁路

分三阶段施加疲劳循环荷载，最小荷载为 10 kN；轴重≤25 t时，最大荷载分别为 P_{NZ1}=180 kN、P_{NZ2}=210 kN、P_{NZ3}=240 kN；轴重＞25 t时，最大荷载分别为 P_{NZ1}=265 kN、P_{NZ2}=315 kN、P_{NZ3}=360 kN；每个循环 P_{NZ1}、P_{NZ2}、P_{NZ3} 加载次数比例为 28∶60∶12，共加载次数 5×10^6 次。荷载波形为正弦简谐荷载，频率为 3~4 Hz。

3. 试验步骤

（1）开始试验前，试验用所有部件和设备在 23 ℃ ±2 ℃的环境中至少静置 24 h。

（2）按图 4.6 所示布置位移和累积变形测点。

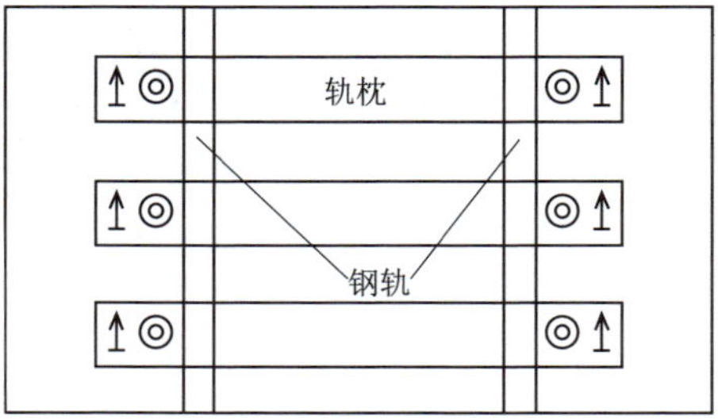

图 4.6 位移和累积变形测点布置

↥—轨枕垂向位移；◎ 变形观测点

具体测试步骤如下：

①位移计固定在接地横梁上，测定轨枕相对混凝土底板的沉降位移。

②用水准仪测定轨枕相对混凝土底板的累积变形。

③对实尺模型试件施加循环荷载进行预压，荷载从最小至 P_{NG1}（P_{NZ1}），荷载循环 1×10^4 次，加载频率为 4 Hz。

④测定轨枕累积变形测点的初始高程，记为 S_0。

⑤将位移测试仪调零开始试验，以 1 mm/min 或 1 kN/s 的速度均匀加载，加载至 P_{NG3}（P_{NZ3}）时卸载至 0kN，重复加载两次后，第三次加载开始记录，分别记录加载值和位移的曲线图，以第三次加载曲线为准。计算此时的静态模量，记为 C_1，用下述公式计算静态模量：

$$C_1 = \frac{F_1 - F_0}{A(D_1 - D_0)} \tag{4.3}$$

式中 A——轨枕的有效支承面积（cm^2）；

F_0——施加在轨枕上的下限荷载，$F_0=0.02A$（kN）；

F_1——施加在轨枕上的上限荷载，$F_1=0.10A$（kN）；

D_0——被测轨枕在加载至 F_0 时的位移（mm）；

D_1——被测轨枕在加载至 F_1 时的位移（mm）。

⑥对准备好的疲劳试件按前一小节所述的三阶段荷载进行疲劳试验，加载频率为 3~4 Hz。

⑦每隔 50 万次测定实尺模型试件累积变形和静态模量，分别记为 S_i 和 C_i（i=50，100，150，…，300 万次）。

⑧疲劳前后静态模量变化率计算方法为

$$\Delta C_i=(C_i-C_1)/C_1\times 100\% \tag{4.4}$$

4.2.2 固化弹性道床与碎石道床的累积变形特性差异

图 4.7 为普通碎石道床和聚氨酯固化弹性道床在疲劳荷载作用下的累积变形特性对比。由图 4.7 可以看出，在试验初期阶段，两种道床的试件变形较快，重复荷载作用 1 万次后，普通碎石道床的变形为 0.3 mm，聚氨酯固化弹性道床的累积变形为 0.05 mm，两者相差 0.25 mm；此后两组试件都进入稳定阶段，变形发展非常缓慢，重复荷载作用从 100 万次到 500 万次，普通碎石道床的累积变形为 0.91 mm，聚氨酯固化弹性道床的累积变形为 0.25 mm，两者相差 0.66 mm。

图 4.7　聚氨酯固化弹性道床和普通碎石道床累积变形特性差异

4.2.3　聚氨酯固化弹性道床静、动态模量变化研究结果

图 4.8 和图 4.9 为两种聚氨酯材料模型的静、动态模量随重复荷载作用的变化趋势。可以看出，两种聚氨酯的实尺模型静、动态模量较接近，试验初期阶段道床模量有一定增长，施加重复试验荷载 100 万次时，静、动态模量基本收敛，此后基本保持不变。总体来说，0~500 万次道床静、动态模量变化率未超过 30%，100~500 万次道床静、动态模量变化率未超过 10%，说明聚氨酯固化弹性道床具有较好的弹性保持能力，而非像普通碎石道床那样，道床模量一直增长，直至丧失弹性。

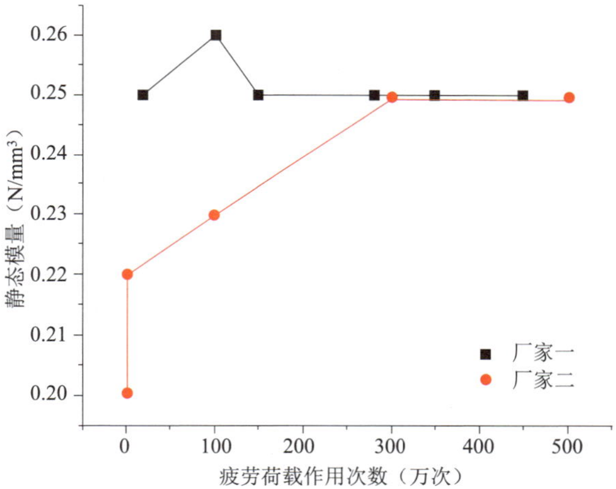

图 4.8　聚氨酯固化弹性道床实尺模型静态模量随重复荷载的变化

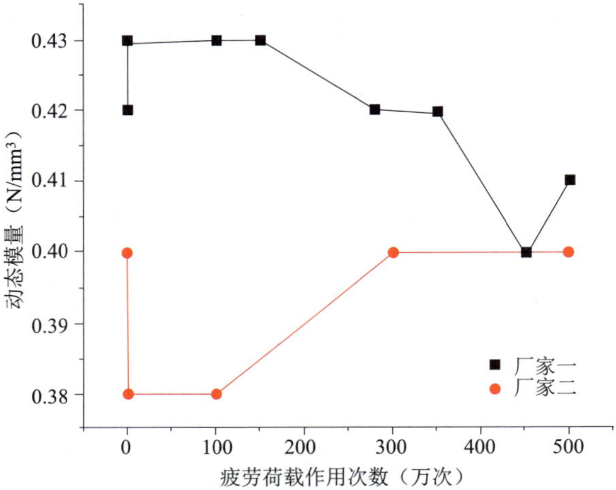

图 4.9 聚氨酯固化弹性道床实尺模型动态模量随重复荷载的变化

500 万次循环荷载作用下，厂家一和厂家二的静态模量均在 0.3 MPa 左右，动态模量均在 0.5 MPa 左右。

4.3 聚氨酯固化弹性道床的浇注膨胀变形特性

聚氨酯固化弹性道床施工期固化材料的发泡、膨胀对轨道几何尺寸存在一定的影响，通过测试聚氨酯固化弹性道床的膨胀力变化规律，可指导聚氨酯固化弹性道床浇注时采取必要的轨道保压措施。

4.3.1 浇注膨胀变形实验方法

为模拟聚氨酯固化弹性道床，制作 3 根轨枕聚氨酯固化弹性道床实尺模型 2 种，两个厂家各浇注一个。试件制作完成后，道床密度为 1.70 g/cm^3。膨胀力测试工装布置如图 4.10 所示，在横梁与加载梁之间放置测力传感器、位移传感器（磁性表座固定在横梁上，位移计顶在加载梁上），调整横梁在固定杆上的位置，至初始压力 0.5 kN 为止。调整初始位移和荷载为零，然后浇注，测试采集膨胀力的时域波形，找到浇注聚氨酯时，最大上抬力及变化趋势，测试时间最少 2 h。

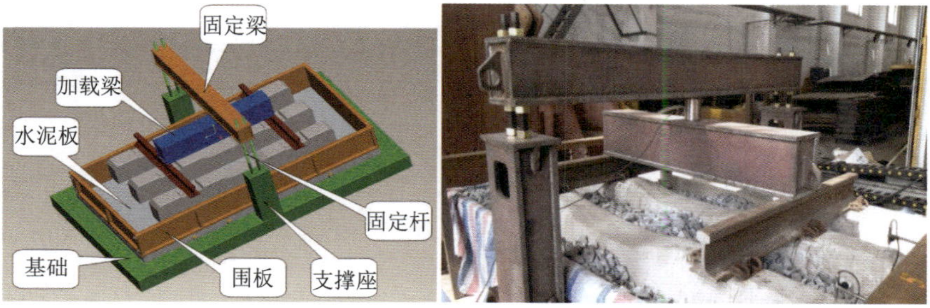

图 4.10　膨胀力测试工装

变形测试时，实尺模型上方不固定横梁，在横跨实尺模型沿钢轨方向放置两个位移计横梁，在 3 根轨枕端部共布置 6 个轨枕垂向位移计，在中间轨枕上方的钢轨上设 2 个垂向位移计，位移计底座固定在位移计横梁上，调整初始位移为零，然后浇注，测试在钢轨上不施加任何荷载的情况下，钢轨垂向位移和轨枕垂向位移的时域波形，评价聚氨酯固化弹性道床浇注时不对轨道保压的情况下，轨道是否被顶起，测试持续时间至少 2 h。

4.3.2　浇注膨胀力实验结果分析

图 4.11 为限制位移条件下聚氨酯固化弹性道床实尺模型浇注聚氨酯混合液之后，试件顶面的膨胀力随时间的变化发展趋势。

图中横向坐标为时间，从浇注开始计时，单位为秒（s），纵坐标为膨胀力，单位为千牛（kN）。试验结果表明聚氨酯固化弹性道床实尺模型浇注聚氨酯混合体液体之后，试件顶面的膨胀力经历初期的急速发展（阶段Ⅰ）、中期的缓慢下降（阶段Ⅱ）和后期的稳定（阶段Ⅲ）三个阶段。

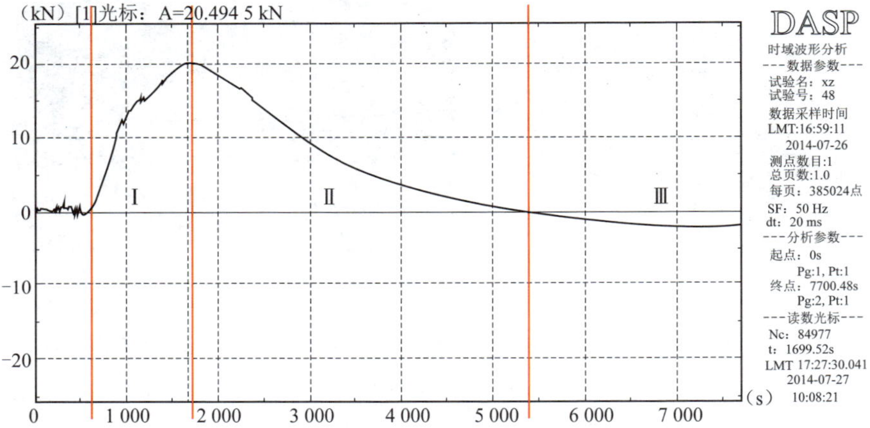

图 4.11　聚氨酯固化弹性道床实尺模型膨胀力变化规律

固化道床在聚氨酯合成反应初期阶段（阶段Ⅰ），试件顶面的膨胀力迅速增长，短短约 30 min 时间内膨胀力由初期的预压 2 kN 迅速增至最大值 20 kN；阶段Ⅱ，随着时间的推移试件的膨胀力逐渐回落至初始预压值2 kN，此过程持续约60 min；阶段Ⅲ，随着材料的收缩，膨胀力逐渐消失，达到稳定。由此说明聚氨酯混合液体系在道砟颗粒孔隙中完成合成化学反应，固态相泡沫弹性体充填道砟颗粒之间空间之后，聚氨酯泡沫固化试件内部具有较明显的膨胀力。

4.3.3　浇注膨胀变形实验结果分析

图 4.12 为聚氨酯固化弹性道床实尺模型在自由位移条件下，其顶面膨胀变形测试结果。图中横坐标为时间，计量单位为秒（s），纵坐标为膨胀量，单位为毫米（mm）。可见，实尺模型开始浇注后，在 22 min 时，道床顶面膨胀变形达到最大值7.2 mm，此后开始收缩徐变，至120 min时，下降趋于稳定，最终道床顶面高度回落至 2.75 mm。

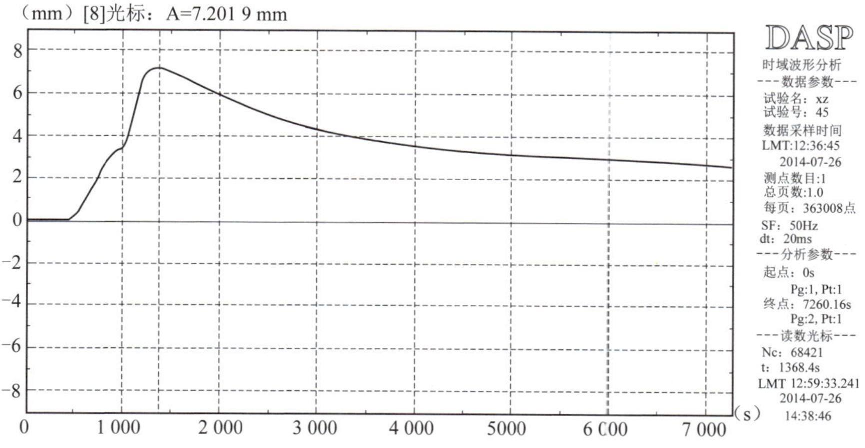

图 4.12　厂家二聚氨酯固化弹性道床实尺模型膨胀变形趋势

由测试结果看，在没有保压的情况下，固化道床顶面在聚氨酯发泡过程中膨胀变形较大，最终轨排很难回到原位，加之膨胀力也比较大，在施工过程中必须采取保压措施以确保轨首平顺性。

4.3.4 合理保压措施的理论分析

室内实验的研究结果表明，聚氨酯材料在反应过程中所产生的膨胀力会引起轨道结构的上拱，需要采用额外的控制措施以保证固化道床施后的线路平顺性。本书研究建立了热—力学耦合本构模型，用温度场变化模拟固化道床材料发泡固化过程，并采用膨胀力变形时变曲线对温度场函数进行标定，进而对浇注顺序、保压荷载值、荷载最佳的作用点和保压时长等影响轨道几何尺寸变化的因素进行模拟计算，提出了高速铁路固化道床浇注施工变形控制措施，确保固化道床满足高速铁路轨道不平顺标准要求。

（1）聚氨酯固化弹性道床膨胀数值模型的建立与验证

研究建立聚氨酯固化弹性道床轨道结构数值模型，并确保数值模型的几何参数与前文中室内模型试验完全相同。采用六面体实体单元对轨道结构各个部件进行模拟。其中钢轨按照支承节点划分单元，按实际截面属性建模，考虑钢轨的截面积、惯性矩和扭转弯矩等参数；扣件采用非线性三向弹簧—阻尼单元模拟，且采用多根弹簧模拟真实反映轨下垫板的尺寸和效应，扣件的阻力和刚度均根据实测值取值。扣件节点间距等距，取 600 mm。为测定聚氨酯道床浇注过程中的膨胀力，在钢轨上方设置反力横梁，如图 4.13 所示。

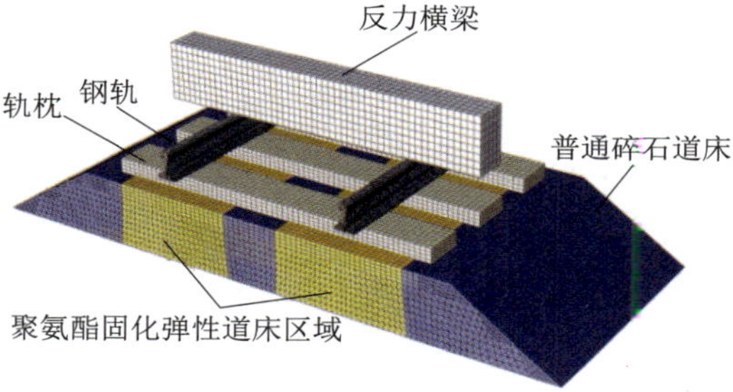

（a）整体模型

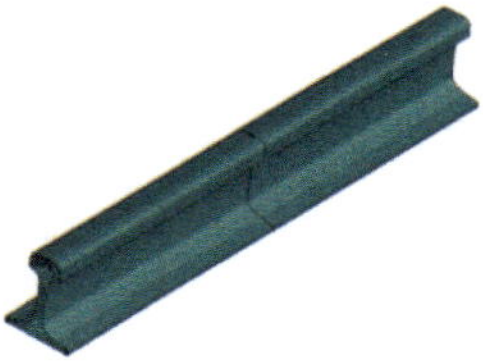

（b）钢轨梁单元模型

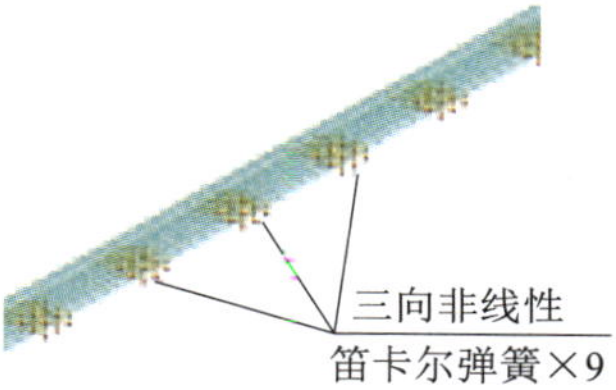

（c）扣件弹簧单元模型

图 4.13　聚氨酯固化弹性道床仿真模型

模型中轨道结构力学参数取值见表 4.2。

表 4.2　仿真模型的力学参数

部件名称	参数名称	量值
钢轨	弹性模量（GPa）	206
	密度（kg/m^3）	60
	泊松比	0.167
扣件系统	横向刚度（MN/m）	39
	垂向刚度（MN/m）	75
	横向阻尼（kN·s/m）	50
	垂向阻尼（kN·s/m）	50
	扣件间距（m）	0.6

续上表

部件名称	参数名称	量值
轨枕	尺寸（mm）	2 600 × 320 × 240
	密度（kg/m^3）	2 500
	弹性模量（GPa）	36.5
	泊松比	0.2
聚氨酯固化道床	厚度（m）	0.35
	密度（kg/m^3）	1 900
	弹性模量（MPa）	60
	泊松比	0.17
普通碎石道床	厚度（m）	0.35
	密度（kg/m^3）	1 800
	弹性模量（MPa）	130
	泊松比	0.27

由于聚氨酯固化膨胀行为的数值模拟方法的既有研究十分稀缺，且聚氨酯材料在发泡过程中的膨胀力学行为与材料在外温度场作用下所产生的热力学行为十分类似。本书采用热—力耦合本构模型对聚氨酯材料发泡过程中的固化膨胀行为进行模拟。本构模型中将聚氨酯发泡过程中道床的膨胀行为视为各向同性的弹性膨胀，则聚氨酯固化弹性道床的应力—应变本构关系可由式（4.5）表示。

$$\{\mathrm{d}\sigma\} = [\boldsymbol{D}]\{\mathrm{d}\varepsilon\} - \{\boldsymbol{C}\}\ \Delta T \tag{4.5}$$

$$[\boldsymbol{D}]=\frac{E}{(1+\mu)(1-2\mu)}\begin{bmatrix}1-\mu & \mu & \mu & 0\\ \mu & 1-\mu & \mu & 0\\ \mu & \mu & 1-\mu & 0\\ 0 & 0 & 0 & \dfrac{1-2\mu}{2}\end{bmatrix}$$

$$\{\boldsymbol{C}\}=\begin{Bmatrix}\dfrac{E}{(1-2\mu)}\left(\alpha+\dfrac{\partial\alpha}{\partial T}T\right)-\dfrac{\sigma_{\mathrm{r}}}{E}\cdot\dfrac{\mathrm{d}E}{\mathrm{d}T}\\ \dfrac{E}{(1-2\mu)}\left(\alpha+\dfrac{\partial\alpha}{\partial T}T\right)-\dfrac{\sigma_{\theta}}{E}\cdot\dfrac{\mathrm{d}E}{\mathrm{d}T}\\ \dfrac{E}{(1-2\mu)}\left(\alpha+\dfrac{\partial\alpha}{\partial T}T\right)-\dfrac{\sigma_{\mathrm{z}}}{E}\cdot\dfrac{\mathrm{d}E}{\mathrm{d}T}\\ -\dfrac{\tau_{\mathrm{rz}}}{E}\cdot\dfrac{\mathrm{d}E}{\mathrm{d}T}\end{Bmatrix}$$

$$\{\mathrm{d}\sigma\}=\{\mathrm{d}\sigma_{\mathrm{r}},\ \mathrm{d}\sigma_{\theta},\ \mathrm{d}\sigma_{\mathrm{z}},\ \mathrm{d}\sigma_{\mathrm{zr}}\}^{\mathrm{T}}$$

$$\{\mathrm{d}\varepsilon\}=\{\mathrm{d}\varepsilon_{\mathrm{r}},\ \mathrm{d}\varepsilon_{\theta},\ \mathrm{d}\varepsilon_{\mathrm{z}},\ \mathrm{d}\gamma_{\mathrm{zr}}\}^{\mathrm{T}}$$

式中，$[\boldsymbol{D}]$ 为聚氨酯固化弹性道床的弹性矩阵；$\{\boldsymbol{C}\}$ 为材料性能（弹性模量、线膨胀系数等）随温度变化向量；ΔT 为外荷载温度场变化函数；$\{\mathrm{d}\sigma\}$ 为热应力增量；$\{\mathrm{d}\varepsilon\}$ 为所对应的热应变增量；$\mathrm{d}\sigma_{\mathrm{r}}$ 和 $\mathrm{d}\varepsilon_{\mathrm{r}}$ 分别为径向应力和径向应变增量；$\mathrm{d}\sigma_{\theta}$ 和 $\mathrm{d}\varepsilon_{\theta}$ 分别为切向应力和切向应变增量；$\mathrm{d}\sigma_{\mathrm{z}}$ 和 $\mathrm{d}\varepsilon_{\mathrm{z}}$ 分别为轴向应力及轴向应变增量；$\mathrm{d}\sigma_{\mathrm{zr}}$ 和 $\mathrm{d}\gamma_{\mathrm{zr}}$ 为剪应力及剪应变增量；E 为聚氨酯固化弹性道床的弹性模量；μ 为聚氨酯道床的泊松比；α 为聚氨酯的线膨胀系数，取 $\alpha=1.1\times10^{-3}$/℃；T 为当前时刻的温度，由外荷载温度场变化函数 ΔT 求得。

只要确定外荷载温度场变化函数 ΔT，则可建立聚氨酯固化弹性道床的热应力及应变关系。为使所选用的外荷载温度场变化函数 ΔT 能够准确地模拟聚氨酯固化弹性道床的膨胀力学行为，研究采用前文中的室内实验结果对外荷载温度场变化函数 ΔT 进行标定。

基于前文中的膨胀力实测结果对外荷载温度场变化函数 ΔT 进行标定，并采用不同的温升峰值进行数值试验，结果表明当温升峰值为 22 ℃时，仿真计算结果与实尺模型试验结果基本吻合。图 4.14 为温升峰值为 22 ℃时道床膨胀力变化的仿真与室内实测结果对比。说明采用温升峰值为 22 ℃的外荷载温度场函数所建立的热—力耦合关系可以较为准确地模拟聚氨酯固化弹性道床的膨胀力学行为。

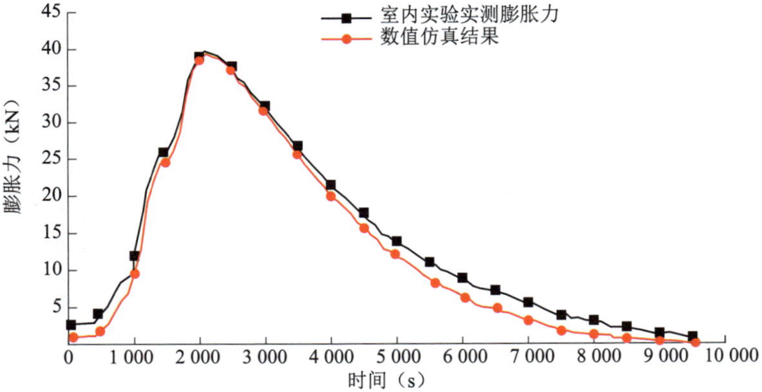

图 4.14　数值仿真结果与室内实验结果对比

在此基础上对固化道床的变形机理进行研究，温升峰值为 22 ℃所对应的外荷载温度场变化函数 ΔT 如图 4.15 所示。

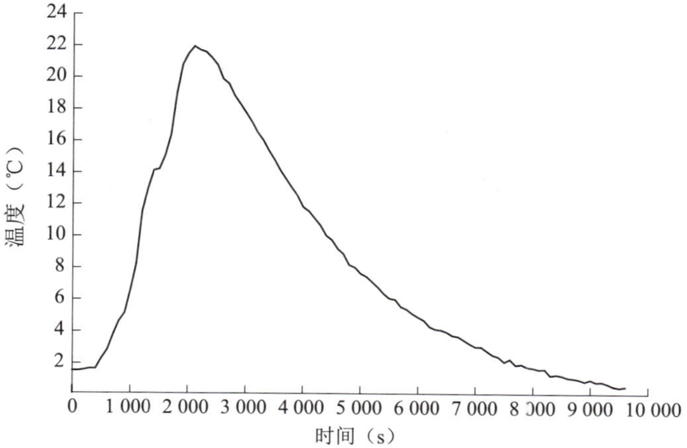

图 4.15　外荷载温度场变化函数曲线

（2）固化道床膨胀变形仿真分析

对工程中无垂向限位条件下聚氨酯固化弹性道床的自由发泡行为进行模拟。依照图 4.14 中所标的浇注顺序将图 4.15 所示的外荷载温度场变化函数 ΔT 分别施加至 4.3.2 节所建立的轨道结构数值模型中的对应区域，且在仿真计算中考虑浇注点位的时间相位差，则顺序浇注过程中不同轨枕下固化道床的膨胀变形分布云图如图 4.16 所示。

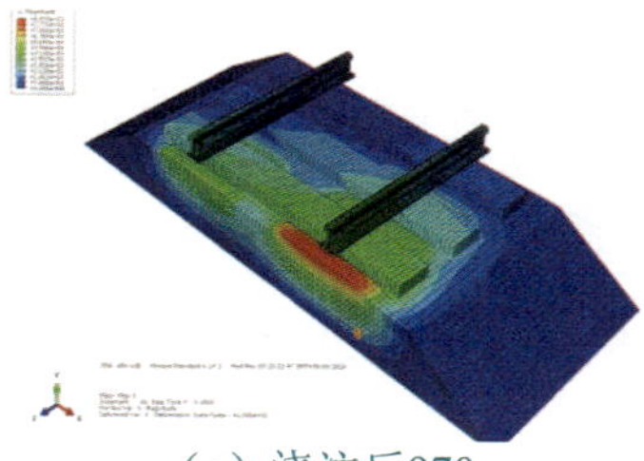
（a）浇注后970 s

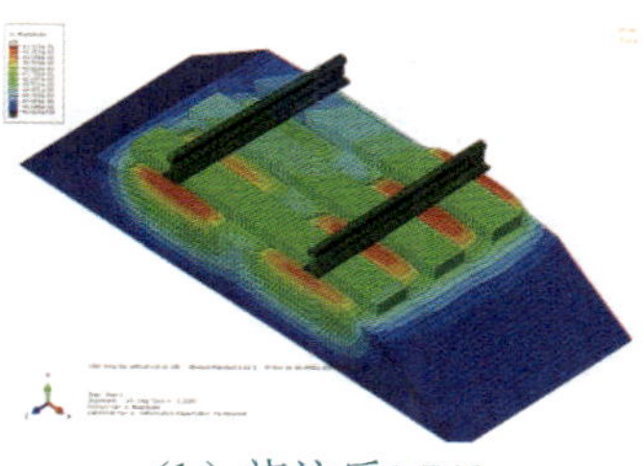
（b）浇注后1 740 s

图　4.16

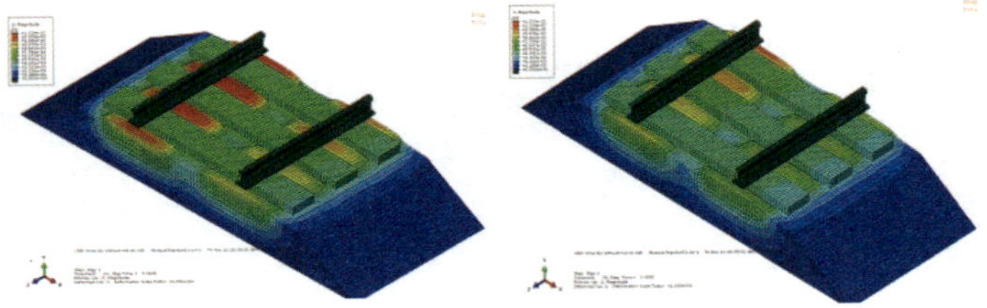

（c）浇注后2 150 s　　　　（d）浇注后2 500 s

图 4.16　不同时段聚氨酯固化弹性道床膨胀变形云图

对应图 4.16 中各个轨枕端部的膨胀位移时程曲线如图 4.17 所示。

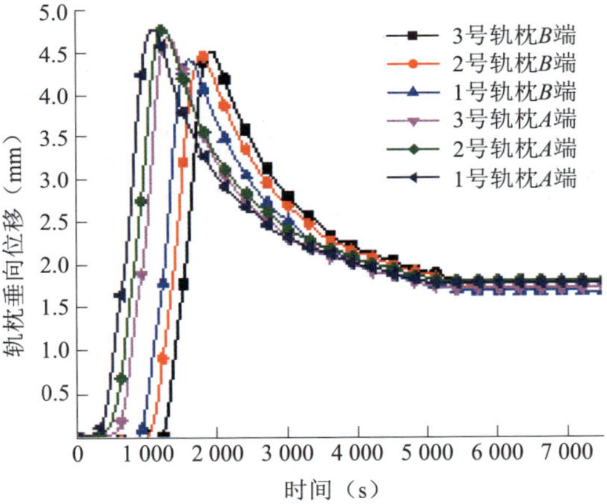

图 4.17　浇注膨胀变形时程曲线

由图 4.17 可以看出，由于浇注过程中浇注时间存在间隔，会产生起发时间相位差所导致的线路不平顺。为进一步分析浇注过程中的轨道结构变形，图 4.18 出示了浇注过程中钢轨端部高差时程曲线。

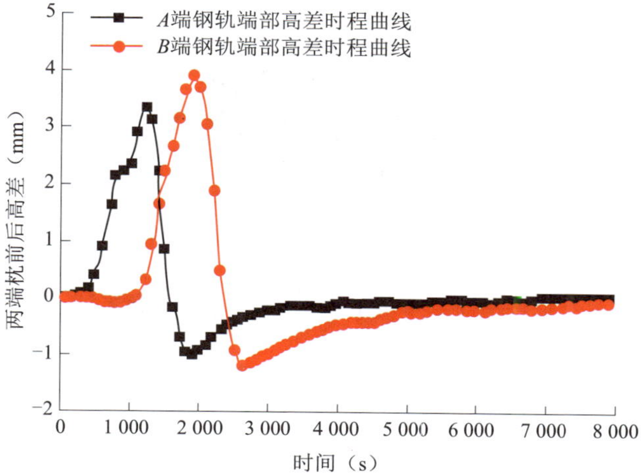

图 4.18　浇注过程中钢轨端部高差时程曲线

由图 4.18 可以看出，由于浇注点位存在时间差，固化材料发泡膨胀后将引起钢轨两端的高差。在室内浇注条件下，钢轨最大高程相差可达 4 mm，直至聚氨酯固化材料全部发泡稳定后，高程差仍未完全消除。

综上所述，在聚氨酯固化材料浇注过程中，单点浇注的作业方式会产生浇注时间差，从而引起不同轨枕间及相同轨枕两端高程的差异。且在实际施工中，道床压实质量、施工温度差异，固化材料发泡不均匀等因素均会进一步加剧轨道的纵横向高程差，从而引起轨道高低、水平及不平顺超限。因此，高速铁路固化道床施工必须增加保压装备，以消除施工中产生的不均匀变形。

（3）高速铁路固化道床轨道施工变形控制措施仿真分析

高速铁路路基基础聚氨酯固化弹性道床膨胀力时变仿真模型如图 4.19 所示。

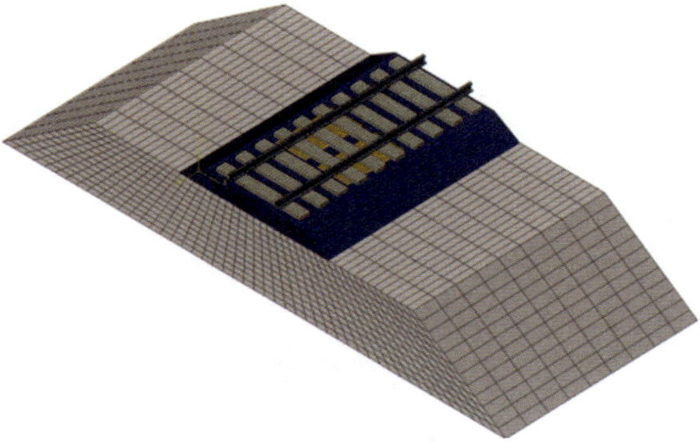

图 4.19　高速铁路聚氨酯固化弹性道床时变仿真模型

参照既有研究，下部基础的力学参数取值见表 4.3。

表 4.3　路基下部基础力学模型参数

部件名称	参数名称	量值
基床表层	厚度（m）	2.3
	弹性模量（kPa）	50
	密度（kg/m^3）	0.6
基床底层	厚度（m）	0.7
	密度（kg/m^3）	2 300
	弹性模量（MPa）	180
	泊松比	0.3

既有研究表明，外加保压荷载是最具经济技术比的轨道变形措施，但如何选取合理保压荷载对轨道的变形进行合理控制尚属于施工中的技术难题。在铁路的工程实际中，单点式浇注设备的浇注覆盖范围为沿线路纵向三根轨枕区域。因此，针对沿轨道纵向间隔 1.2 m，作用于扣件上方钢轨中心点的荷载形式进行分

析，如图 4.20 所示。

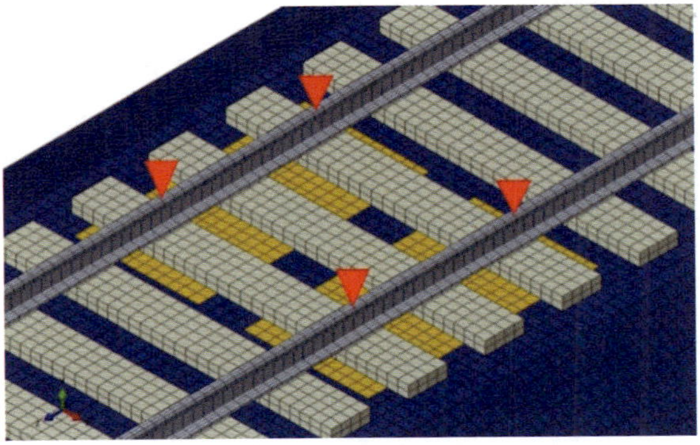

图 4.20　保压荷载作用形式示意

不同保压荷载幅值对聚氨酯固化弹性道床浇注过程中线路平顺性的影响规律计算结果如图 4.21 所示。

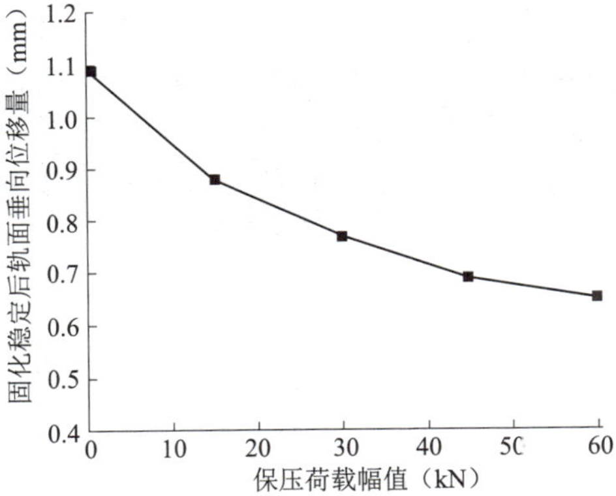

图 4.21　保压荷载幅值对钢轨垂向位移的影响规律

由图 4.21 可以看出，保压荷载在 0~30 kN 范围内增长时，可有效提高浇注过程中线路的平顺性，且将轨道的不平顺值能控制在 2 mm 以下。当保压荷载大于 30 kN 时，对线路的浇注平顺性影响逐渐不明显。因此，在高速铁路聚氨酯固化弹性道床的浇注作业中，建议采用幅值为 30 kN 的保压荷载。

（4）高速铁路固化道床施工变形控制措施应用

研究结果表明，研发了相应的保压小车以控制 3 根轨枕区域内施工过程中的浇注膨胀力，且随着浇注的连续作业，平板车前移继续进行保压，能够保证聚氨酯固化材料全部发泡稳定后，轨道结构不再产生不平顺，大西线聚氨酯固化弹性道床施工过程如图 4.22 所示。

图 4.22　大西线聚氨酯固化弹性道床施工过程

采用增加保压装备的控制措施后，固化道床的浇注前后 10 m 长弦线路高低偏差如图 4.23 所示。可以看出，10 m 长弦高低可控制在 2 mm 以内，固化道床断面成型良好，满足高速铁路轨道不平顺标准和固化道床验收要求。

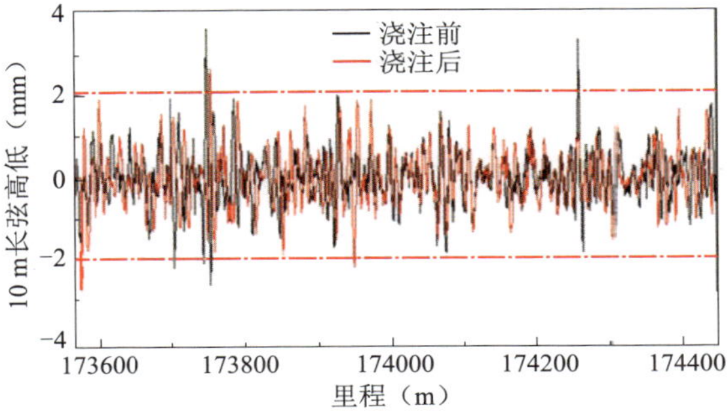

图 4.23　浇注前后 10 m 长弦轨道高低变化

4.4 小　　结

（1）聚氨酯固化弹性道床具有与普通碎石道床类似的良好弹性，具有普通碎石道床所不具备的弹性保持能力。聚氨酯固化弹性道床与初期相比，一般变化不会超过 30%，普通碎石道床较初期开通时一般会增加 1~3 倍以上。

（2）固化道床具有较好的抗累积变形能力。累积变形在重复荷载作用次数 0~100 万次的初期阶段，其累积变形发展较快，累积沉降最大约 1 mm；其后变形较缓慢，到 300 万次时其总累积沉降不超过 1.2 mm；100 万次到 300 万次循环时累积沉降小于 0.3 mm，说明聚氨酯固化弹性道床结构体材料在经过初期的稳定后，具有很好的抗累积变形的能力。

（3）实尺模型试件在模拟重复荷载作用下，0~500 万次的初始加载阶段，道床静态模量增长不大于 30%，在 100~500 万次的稳定阶段道床静态模量增长不大于 10%。

（4）膨胀力试验表明，聚氨酯材料的膨胀过程分为三个阶段：初期急速发展阶段、中期缓慢下降阶段和后期稳定阶段；聚氨酯固化弹性道床在保压条件下最大膨胀力可达 20 kN，从初始至稳定阶段最长持续 160 min。在没有保压的情况下，固化道床顶面在聚氨酯发泡过程中膨胀变形较大，达到稳定后，轨排很难回到原位，固化道床在浇注 30 min 内，达到变形最大值 7.2 mm，在 120 min 内达到稳定，稳定后道床难以回到初始状态。因此，考虑不同的聚氨酯材料膨胀性能的差异，为保证轨道几何尺寸在聚氨酯道床浇注过程中不发生变化，必须采取保压措施。

（5）分析结果表明，荷载总量为 30 kN 的四点荷载保压措施，能够有效控制施工中由材料发泡膨胀所引起的轨面不平顺。

第5章

聚氨酯固化弹性道床施工

聚氨酯固化弹性道床施工包括有砟道床施工和聚氨酯浇注施工，有砟道床施工关键是多稳少捣，减少道砟破碎，影响固化原材料流动性。浇注施工中关键工序是道床的烘干及浇注，是保证固化材料在最佳温度下反应，达到理想固化效果的关键。另外浇注过程中的及时和持续保压是决定施工精度能否达到要求的关键。

聚氨酯固化弹性道床的施工是决定聚氨酯固化弹性道床服役状态的关键，聚氨酯固化弹性道床后期的服役性能除受到浇注施工作业的影响外，还会受到前期有砟道床施工质量的影响。本章重点针对聚氨酯固化弹性道床施工中的关键技术进行了介绍，其中第一节主要介绍了聚氨酯固化弹性道床的整体施工工艺流程及施工准备环节的注意事项，第二节重点介绍了聚氨酯固化弹性道床的施工装备及关键技术参数，第三节重点介绍了聚氨酯固化弹性道床的施工质量控制措施。

5.1　聚氨酯固化弹性道床的施工工艺流程

5.1.1　聚氨酯固化弹性道床工艺流程

聚氨酯固化弹性道床关键工序是道床烘干和聚氨酯材料的浇注。根据固化材料膨胀力发展规律采取保压措施，以确保固化后轨道结构几何尺寸的变化在可控范围内，聚氨酯固化弹性道床整体施工流程如图 5.1 所示。

每根枕的浇注点设计如图 5.2 所示。

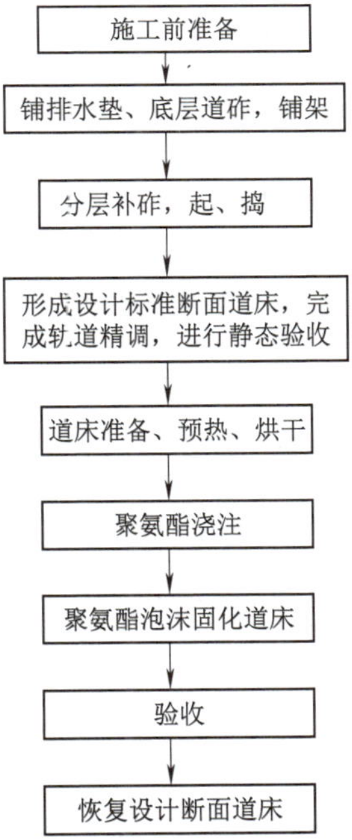

图 5.1　聚氨酯固化弹性道床施工流程

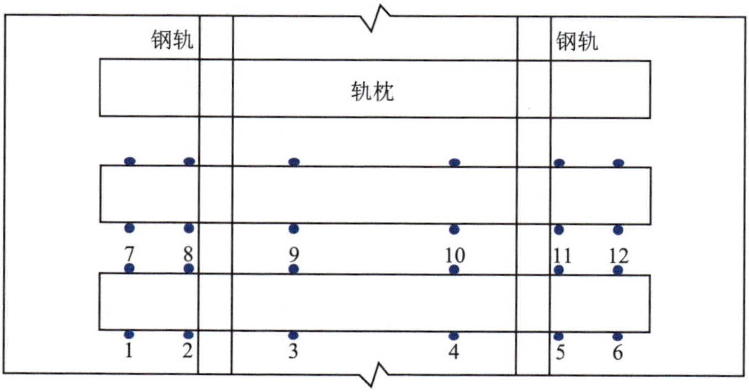

图 5.2　聚氨酯浇注点及其量的分布

浇注前道床状态须满足以下条件:（1）道床上、下表面应达到完全干燥，道床内部温度15~30 ℃，道床相对湿度要低于 30%（可采用湿度计测试）;（2）从道床侧面溢出的气体湿度应不高于20%~30%。

5.1.2　浇注前道床施工准备

浇注前聚氨酯固化弹性道床施工按照普通碎石道床施工工艺和要求进行施工，施工注意事项如下：

（1）采用特级水洗道砟，对出厂道砟清洁度进行检查，对不满足要求的道砟应及时更换，并保证道砟从水洗完成出场到施工现场，再到道床浇注完成时间段内的清洁度。

（2）聚氨酯原材料进场时，应检查材料类型、材料产品质量标识与检测结果一致性，并按规定对进场材料进行储存。

（3）底层道砟上道必须进行碾压，且碾压密实度需达到

1.6 g/cm^3，以达到聚氨酯固化弹性道床要求。

（4）底层道砟、轨排铺设完成后，按分层上砟整道工艺要求，进行大机整道作业。分层上砟整道过程中宜少捣、多稳，以便减少道砟的破碎脏污，同时使道床密实稳定，减少道床固化后的沉降变形。

（5）道床浇注施工前，应组织完成轨道结构的静态验收，结果满足设计和验收规范要求后方可后续施工。

（6）道床浇注施工前，完成道床状态参数的测试，满足表 5.1 要求后方可浇注。底层道砟压实密度不小于 1.6 g/cm^3。

表 5.1　浇注前道床状态参数

轨枕类型	支承刚度（kN/mm）	横向阻力（kN/ 枕）	道床密度（g/cm^3）
Ⅲ、Ⅳ型枕	≥ 80	≥ 0.7q	1.65~2.00
Ⅱ型枕	≥ 60	≥ 0.7q	1.65~2.00

注: q 为道床横向阻力设计值。

5.2　聚氨酯固化弹性道床的施工装备

5.2.1　施工装备的组成

聚氨酯固化弹性道床的施工装备主要由原材料储存系统、浇注系统、烘干系统、供电系统等组成，如图 5.3 所示。

图 5.3 聚氨酯固化弹性道床成套施工系统

聚氨酯固化弹性道床的烘干系统和浇注系统是聚氨酯固化弹性道床的核心施工作业装备。设备采用路用平车为平台进行运输和移动，保压装置由平车和施工设备共同形成。其中，烘干系统和浇注系统的部件组成如图 5.4 所示。

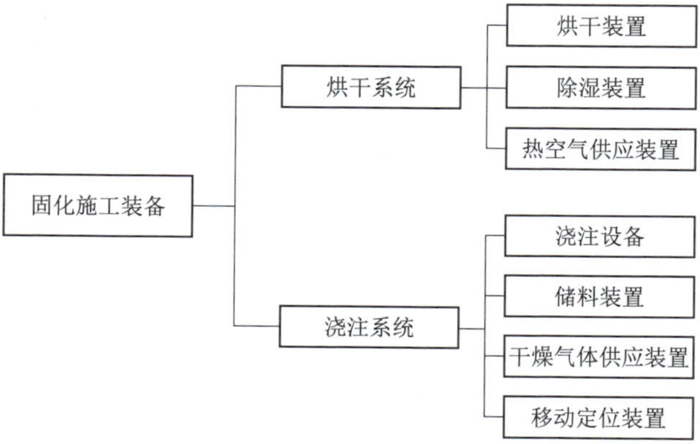

图 5.4 聚氨酯固化弹性道床施工设备组成

施工设备的适用条件确定为：海拔高度≤ 2 000 m；环境温

度为 0~40 ℃；环境最大风力工作状态时 5 级，非工作状态时 10 级；工作时间为全天候（雨、雪等恶劣天气除外），设计有足够灯光，满足夜间施工要求。

5.2.2　聚氨酯固化弹性道床的烘干系统

烘干系统整体采用箱式结构，主要部件布置在集装箱内部，通过平板运输车作为平台实现施工中设备的移动。烘干系统构成如图 5.5 所示。加热温度、湿度和速度是控制道床温度和干燥程度的重要指标。故要求设备的温度输出应保持道砟温度在 20~30 ℃范围内，功率应确保热风在道砟中的穿透能力不低于 95 cm，烘干工序完成后，道砟上、下表面应达到完全干燥状态，从道床侧面溢出的气体湿度应不超出 20%~30% 的范围。图 5.6 为加热冷却小车，采用可移动框架钢轮移动机构，可实现小车沿轨道纵移，通过气压控制，可实现小车对轨道、轨枕的抱紧密封。

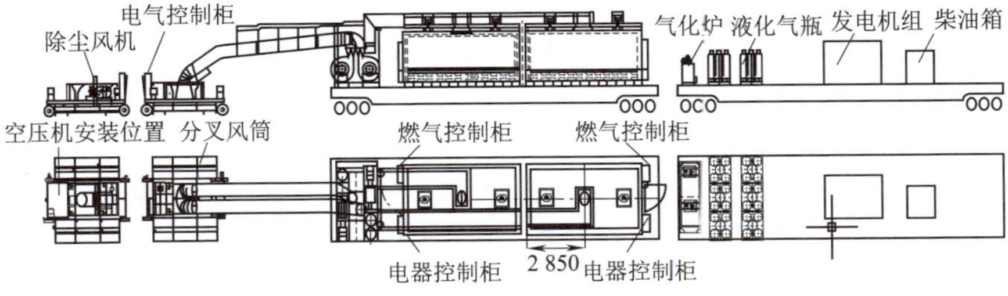

图 5.5　烘干系统构成（单位：mm）

图 5.6　加热冷却小车

5.2.3　聚氨酯固化弹性道床浇注系统

1. 浇注系统组成

聚氨酯固化弹性道床浇注系统如图 5.7 和图 5.8 所示，A 料和 B 料在工作罐中混合，通过浇注头浇注到道床中。浇注头通过移动控制架可以沿轨枕方向和钢轨方向移动，完成设计范围内的浇注。

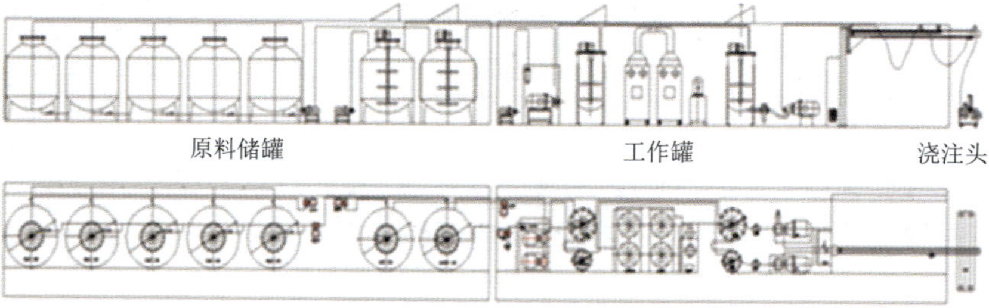

图 5.7　聚氨酯材料浇注系统组成

图 5.8　聚氨酯材料浇注装置

2. 动力系统

施工设备的动力由配备的发电机组提供，根据需要配置 2 台，采用水冷型，额定输出功率（SAE 标准）为（100+150）kW，排放等级 Euro Ⅱ，额定电压为 400 V/230 V。配备独立油箱，满足 10 天以上用油量。

3. 原料储存系统

原料储存系统集中设计在一个集装箱内，便于作业时操作及管理，主要分为白料储存罐、黑料储存罐和白料预处理罐。其中根据所用白料和黑料的一般混合比例，设计的白料储存罐为 5 个，黑料储存罐为 1 个，白料预处理罐为 1 个。储存罐的内部安装搅拌扇叶，顶部安装搅拌电机，可以使加入的原材料的性能均匀一致；罐表面包裹一层保温棉，防止低温影响原材料的性能；储存罐上装有气路系统，为加料及放料增加压力或降低压力，保证整个系统正常运行，如图 5.9 所示。

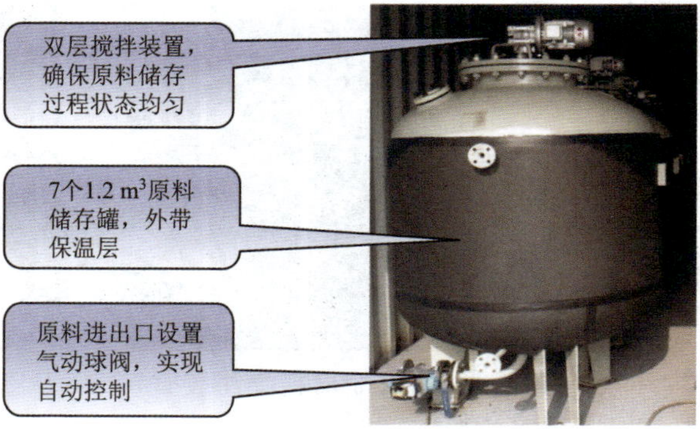

图 5.9　原料储存罐

4. 高压发泡系统

B 料进入工作箱后通过计量泵输送与催化剂按比例混合后，与 A 料分别进入中间储料罐进行搅拌、温控预处理，然后分别进入工作料罐等待发泡。原料进入发泡枪头管路设有高低压循环系统，便于混料前调整设备的稳定性。

5. 液压系统

液压系统由液压泵站、液压阀及液压管路等组成，为整个浇注系统提供压力，使得在没有浇注时，可以循环让 A 料与 B 料的料温达到所需要的设定值；而在浇注时，可以让 A 料与 B 料混合充分，发泡均匀。

6. 发泡机电器控制系统

主要控制内容为：液压油泵 A、B 计量泵的启动与停止，各种异常报警信号，混合头及各种执行元件监控，各种动作选择控制，浇注质量程序控制，混合头工况监控报警，分配阀监控报警，液压站监控报警，3 点液位监控报警。

7. 温度控制系统

料温控制预处理与发泡系统各一套，使用料温智能控制仪表，可以根据发泡工艺要求任意设定 A、B 两种原料的温度，当原料实际温度高于设定温度时，智能仪表发出信号，制冷系统开始工作。当原料实际温度低于设定温度时，智能仪表发出信号，加热系统开始工作，这样就能将原料温度控制在工艺要求的范围内，不会随外界的温度变化而影响原料温度，制冷机组采用双温冷热水机，制冷功率为 8 HP，加热功率 12 kW，热交换器采用匹配的列管式换热器或板式换热器。

5.3　聚氨酯固化弹性道床的施工质量控制

5.3.1　聚氨酯固化弹性道床静态验收

施工完成后需要对聚氨酯固化弹性道床的施工质量进行验收，以高速铁路为例，聚氨酯固化弹性道床经精调整理后，其静态铺设精度应符合表 5.2 的要求。

表 5.2　有砟轨道静态铺设精度

序号	项　　目	容许偏差	备　　注
1	轨距	± 2 mm	相对于标准轨距 1 435 mm
		1/1 500	变化率
2	轨向	2 mm	弦长 10 m
		2 mm / 5 m	基线长：30 m
		10 mm /150 m	基线长：300 m

续上表

序号	项　　目	容许偏差	备　　注
3	高低	2 mm	弦长 10 m
		2 mm / 5 m	基线长：30 m
		10 mm /150 m	基线长：300 m
4	水平	2 mm	不包含曲线、缓和曲线上的超高值
5	扭曲	2 mm	基线长：3 m 不含缓和曲线上由于超高顺坡所造成的扭曲量
6	与设计高程偏差	10 mm	站台处的轨面高程不应低于设计值
7	与设计中线偏差	10 mm	

5.3.2　聚氨酯固化弹性道床施工质量抽样及判定方法

当施工完成后，需对聚氨酯固化弹性道床的施工质量进行抽检，由于不可能对全部道床进行施工质量的检验，需要对道床的部分区段进行抽检。道床状态参数和道砟清洁度抽样及判断规则见表 5.3。

表 5.3　道床状态参数和道砟清洁度检验规则

序号	测试内容	抽样方案	判定规则
1	有砟道床刚度、横向阻力、道床密度 / 固化道床刚度、横向阻力	长度大于 5 km 的线路，每 5 km 一个检验批，每千米检测 2 根；长度小于 5 km 的，检测 10 根	取所有测点平均值，符合规定为合格，否则为不合格

续上表

序号	测试内容	抽样方案	判定规则
2	整道前道砟清洁度	每千米检测 1 处；长度小于 1 km 的，检测 1 处	全部符合规定为合格

5.3.3　聚氨酯固化弹性道床施工质量验收标准

除线路的静态指标外，还需要通过道床的物理、力学参数对聚氨酯固化弹性道床的施工质量进行判定及验收，固化道床的验收内容主要包括：

（1）道床固化前后轨面高程变化在 −1~+2 mm 范围内。

（2）固化道床的断面尺寸与设计断面的负偏差小于 5%。

（3）固化道床状态参数应满足表 5.4 的规定，其余各项指标应符合《铁路轨道工程施工质量验收标准》（TB 10413）或《高速铁路轨道工程施工质量验收标准》（TB 10754）的相关规定。

表 5.4　固化道床状态参数指标

轨枕类型	支承刚度（kN/mm）	横向阻力（kN/ 枕）
Ⅲ、Ⅳ型枕	≥ 90	≥ q
Ⅱ型枕	≥ 70	≥ q

注：q 为道床横向阻力设计值。

（4）浇注固化道床横断面为双块式梯形，当浇注厚度为 350 mm 时，其梯形顶面宽度不小于 85 cm，底面宽度不小于 115 cm。出于排水性能要求考虑，道床底部双块式梯形间距不得小于 20 cm，聚氨酯固化弹性道床横断面如图 5.10 所示。

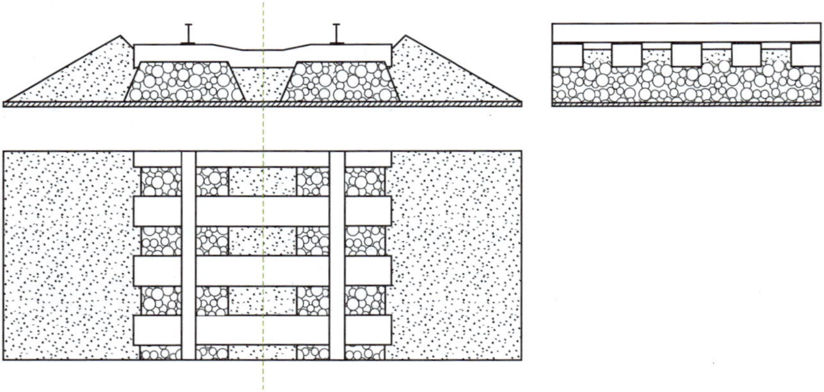

图 5.10　聚氨酯固化弹性道床

（5）按每浇注 50 根枕 / 次的频率，进行浇注断面成型检测。

5.4 小　结

本章重点介绍了聚氨酯固化弹性道床的施工工艺和流程、聚氨酯固化弹性道床的施工装备和聚氨酯固化弹性道床施工质量的控制措施。

（1）道床浇注施工前，完成道床状态参数的测试，满足表 5.1 要求后方可浇注。底层道砟压实密度不小于 1.6 g/cm³。

（2）除线路的静态参数外，固化道床的验收内容主要包括：道床固化前后轨面高程变化在 –1~+2 mm 范围内；固化道床的断面尺寸与设计断面的负偏差小于 5%；固化道床状态参数应满足表 5.4 的规定，其余各项指标应符合 TB 10413 或 TB 10754 的相关规定；浇注固化道床横断面为双块式梯形，当浇注厚度为 350 mm 时，其梯形顶面宽度不小于 85 cm，底面宽度不小于 115 cm。出于排水性能要求考虑，道床底部双块式梯形间距不得小于 20 cm。

第 6 章

聚氨酯固化弹性道床的工程应用

聚氨酯固化弹性道床在重载、高速和客货混运铁路都有应用，对于有砟和无砟轨道结构都不适合铺设地段，固化弹性道床作为一种解决方案，在大跨桥梁（沪昆线北盘江特大桥）、地震断裂带（济青高铁）的工程应用都实现了预期目标，另外在京张高速铁路应用主要是为了减免道床的日常养护维修，避免夜间扰民。固化弹性道床在城轨减振、桥上减载和沙害防治等方面具有更为广阔的应用前景。

本章重点针对聚氨酯固化弹性道床结构在我国铁路应用中的典型工程案例进行介绍，包括重载铁路的典型工程案例瓦日铁路、高速铁路的典型工程案例济青高速铁路、特殊区段超大跨桥上的典型工程案例北盘江特大桥，并对最早建设于 2009 年沪蓉铁路江岸特大桥的运营维护情况进行了介绍。

6.1　瓦日重载铁路

6.1.1　工程概况及施工情况

瓦日铁路是连接我国东西部的重要煤炭资源运输通道，是世界上第一条按万吨重载铁路标准建设的铁路，设计时速为 120 km。按照计划在瓦日铁路跨长晋特大桥下行线，起止里程 K516+773~K517+473，长度 700 m，以及南岭山隧道下行线，起止里程 K521+234~K522+334，长度 1 100 m，采用聚氨酯固化弹性道床结构。

瓦日铁路现场施工设备如图 6.1 所示，道床烘干冷却作业如图 6.2 所示。固化道床浇注施工前，对道床的厚度进行挖开检验，结合材料的起发时间和密度确定每个浇注点的材料用量，现场浇注施工如图 6.3 所示。

现场所采用的烘干工艺参数见表 6.1。

图 6.1　现场固化施工设备情况

图 6.2　现场烘干冷却作业

图 6.3　固化道床浇注施工

表 6.1　聚氨酯固化弹性道床烘干工艺

跨长晋高速公路特大桥上		南岭山隧道中	
加热时间（s）	冷却时间（s）	加热时间（s）	冷却时间（s）
480~600	120~180	420	60

浇注施工后，测量人员检测道床的高程变化，然后及时移动载有浇注设备的平板车对道床进行保压，浇注后保压时间能够持续 24 h。聚氨酯固化弹性道床浇注后采用一级道砟回填枕盒和

砟肩，将聚氨酯固化材料覆盖，防止材料发生紫外线老化，并按照有砟道床技术条件的要求，对砟肩和枕盒道砟进行夯拍作业，完成道床标准断面的整理。

6.1.2　固化效果检验

1. 轨道高程变化情况

为了检测浇注前后线路的平顺性，采用电子水准仪对轨道线路的高程进行测量，浇注后线路高程变化见表 6.2。

表 6.2　浇注前后轨道高程变化（mm）

序号	1	2	3	4	5	6	平均值
浇注前后高程变化	+0.03	−1.14	−0.2	+1.13	−0.4	−1.81	−0.4

注：“+”表示轨道高程升高；“−”表示轨道高程降低。

由表 6.2 可以看出，聚氨酯固化弹性道床施工对轨道线路高程的影响较小，浇注后轨道线路高程局部有升高，而重载铁路有砟轨道平顺性标准为 3 mm，浇注前后轨道最大变化量为 −1.81 mm，满足设计要求。因此，聚氨酯固化弹性道床施工满足重载铁路有砟轨道线路平顺性要求。

2. 固化道床纵横向阻力

为了检测浇注前后聚氨酯固化弹性道床的纵横向阻力，采用轨枕刚度仪分别测试了道床的横向阻力和纵向阻力，测试结果见表 6.3。

表 6.3 浇注前后聚氨酯固化道床横向阻力（kN/mm）

序号		1	2	3	4	5	6	7	8	9	平均值
横向阻力	浇注前	7.2	8.2	8.8	9.2	5.3	5.5	7.9	5.7	7.5	7.3
	浇注后	11.9	13.0	11.9	15.1	12.5	12.7	10.5	10.9	10.1	12.1
纵向阻力	浇注前	7.5	7.5	6.9	6.1	9.4	10.2	8.9	9.7	7.5	8.2
	浇注后	14.8	15.5	15.5	17.0	15.4	18.4	15.6	18.9	14.8	16.2

可以看出，与浇注前相比，聚氨酯固化弹性道床纵横向阻力均有所增加。横向阻力和纵向阻力分别增加了 66%、98%。这可能是因为聚氨酯固化材料固化了碎石道砟，且与轨枕形成良好粘结，进而提高了纵横向阻力。

6.1.3 动态性能测试及分析

2013 年 10 月 29 日 ~2014 年 1 月 5 日，采用国产化的固化材料和施工设备，完成了瓦日铁路聚氨酯固化弹性道床施工，其中在跨长晋高速公路特大桥下行线浇注聚氨酯固化弹性道床 700 m，在南岭山隧道浇注聚氨酯固化弹性道床 1 100 m，均位于直线段上。

1. 测试内容和测点布置

2014 年 10 月分别在跨长晋高速公路特大桥和南岭山隧道进行聚氨酯固化弹性道床实车试验，主要试验内容如下：

（1）测试研究 30 t 轴重重载铁路聚氨酯固化弹性道床结构的线路行车安全性及其动态响应，评估新型轨道结构对于重载铁路的适应性。

（2）测试研究聚氨酯固化弹性道床结构的减振降噪性能。

（3）分析研究 30 t 轴重重载铁路聚氨酯固化弹性道床的弹性和刚度，进行道床固化前后静动刚度对比试验分析及评估。具体测点布置示意如图 6.4 和图 6.5 所示。

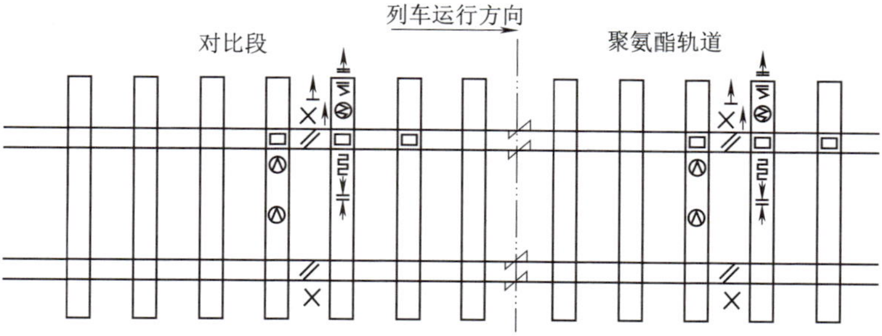

图 6.4　桥上聚氨酯固化弹性道床试验测点布置示意

×— 轮轨垂直力；⫽— 轮轨横向力；— 轨头横移；— 钢轨垂移；— 轨头横移；□— 支点压力；— 枕中及轨下弯矩；— 压缩法垂直力；— 钢轨振动加速度；— 轨枕振动加速度；— 桥面（仰拱）加速度

注：压缩法垂直力、轨头横移、轨枕横移仅加载车定点测试时用。

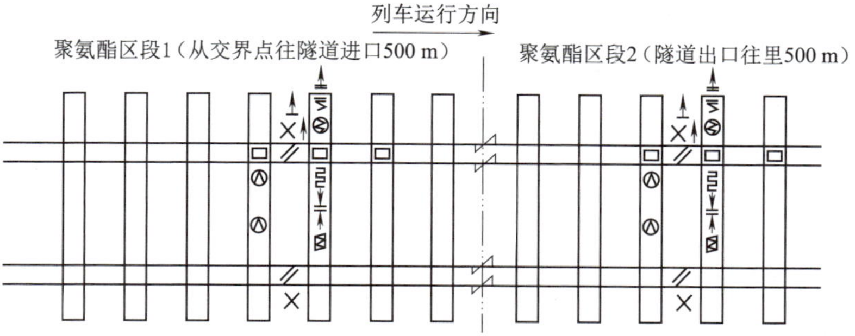

图 6.5　隧道内聚氨酯固化道床试验测点布置示意

×— 轮轨垂直力；⫽— 轮轨横向力；— 轨头横移；— 钢轨垂移；— 轨头横移；□— 支点压力；— 枕中及轨下弯矩；— 压缩法垂直力；— 钢轨振动加速度；— 轨枕振动加速度；— 桥面（仰拱）加速度；— 边墙加速度

注：压缩法垂直力、轨头横移、轨枕横移仅加载车定点测试时用。

2. 试验方法

（1）参照《轮轨横向力和垂向力地面测试方法》（TB/T 2489）标准，用剪应力法测试轮轨垂直力 P 和横向水平力 Q，据此计算脱轨系数 Q/P、轮重减载率 $\Delta P/P$ 及轮对横向力 (Q_1-Q_2) 等列车运行安全性参数。

（2）用弹片式位移计测试钢轨及轨枕的横向和垂向位移及动态轨距变化量。

（3）用压电式加速度计和电阻应变式加速度计测试钢轨、轨枕及道床振动加速度。

轮轨垂直力 P、轮轨水平力 Q 采用轮轨力标定架现场进行标定，并根据试验列车 5 km/h 通过测试点进行准静态标定和校核；各项位移测试采用塞尺现场进行标定；用标准应变源对动态应变仪进行校核及导线误差的修正。

3. 列车编组方式及试验速度

列车编组主要有 5 000 t、8 000 t 和 12 000 t 编组三种形式，其中 12 000 t 编组用机车和车辆的轴重均为 30 t，由 1 台 30 t 轴重机车 +1 台 30 t 轴重机车（换装测力轮对）+ 试验车 +1 辆 30 t 轴重货车（动强度测试）+99 辆 30 t 轴重货车（3 辆换装测力轮对、制动关门）+ 试验车 + 普通列尾组成。

试验前进行地面测点的 5 km/h 的准静态标定。12 000 t 编组列车速度级试验，下行线运行速度为 60 km/h、70 km/h、

80 km/h、90 km/h、100 km/h。

4. 参考标准

聚氨酯固化弹性道床轨道结构各测试参数的安全参考标准见表 6.4。

表 6.4　轨道结构安全参考标准

安全参数	评定标准	依　　据
脱轨系数 Q/P	≤ 1.2	参照 TB/T 2360—1993 及 GB 5599—2019
轮重减载率 $\Delta P/P$	≤ 0.65	参照 TB/T 2360—1993 及 GB 5599—2019
轮轴横向力（kN）	≤0.85(15+0.5P) P—静轴重	参照 TB/T 2360—1993 及 GB 5599—2019

5. 试验数据分析

（1）轨道几何尺寸的变化

试验前对轨距和水平进行测量，桥上固化道床轨道的轨距偏差为 0~+2 mm，水平偏差为 –0.5~+1 mm；隧道内固化道床轨道的轨距偏差为 0~+2 mm，水平偏差为 –1~+1 mm，均满足轨距 –2~+4 mm、水平 4 mm 的要求。试验期间采用轨检车对轨道几何尺寸进行检查，结果见表 6.5，固化道床区段轨道几何状态良好，没有出现超限情况，轨道质量指数（TQI）未超过管理值。

表 6.5　试验期间聚氨酯固化弹性道床轨检车数据（mm）

里程	轨向		高低		水平	轨距	三角坑	TQI 值
	左	右	左	右				
517.1	0.84	0.83	1.26	1.29	1.09	0.78	1.05	7.15
517.3	0.79	0.63	1.55	1.47	0.99	0.78	1.02	7.25
517.5	0.82	0.56	1.52	1.45	0.81	0.83	0.87	6.86
517.7	1.09	0.95	1.35	1.55	0.93	0.62	0.99	7.48
517.9	0.84	0.81	1.58	1.53	0.99	0.71	1.02	7.49
521.3	1.22	1.2	2.14	2.05	1.3	0.79	1.3	10
521.5	0.88	0.86	1.72	1.74	1.49	0.86	1.4	8.95
521.7	1.58	1.71	1.62	1.75	1.21	0.79	1.36	10.03
521.9	1.66	1.77	1.87	1.92	1.52	0.67	1.71	11.12
522.1	1.42	1.48	1.64	1.86	1.18	0.84	1.36	9.8
522.3	1.12	1.28	2.21	1.96	1.77	0.67	1.67	10.69

（2）固化道床列车运行安全性分析

12 000 t 重载列车通过桥上和隧道内固化道床测试工点时，运行安全指标测试最大值如图 6.6~ 图 6.8 所示，可以看出：

①试验列车通过隧道内聚氨酯固化弹性道床时，脱轨系数、轮重减载率和轮轴横向力等安全指标均在限值范围内。

②除车辆轮轴横向力随速度增加有增大趋势外，脱轨系数和轮重减载率与速度的关系不明显；试验中车辆的脱轨系数、轮重减载率和轮轴横向力均大于机车，需要对车辆的性能进行更进一步的分析。

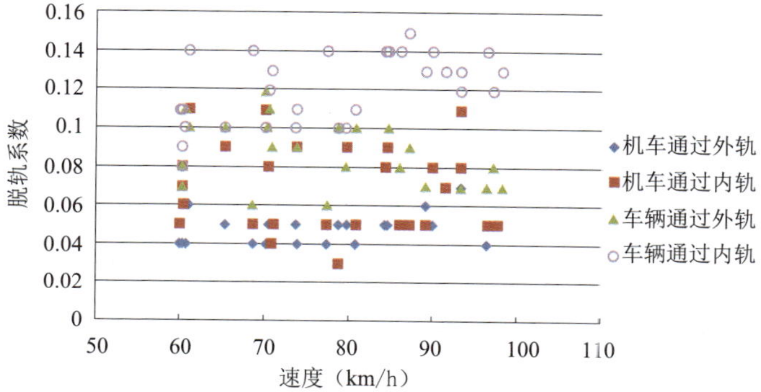

图 6.6　隧道内固化道床脱轨系数测试结果

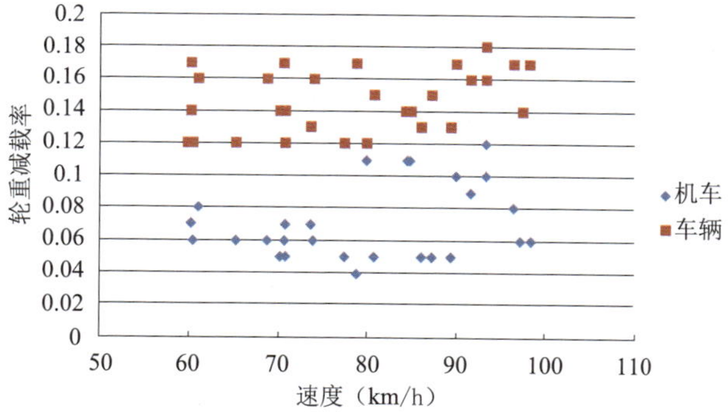

图 6.7　隧道内固化道床轮重减载率测试结果

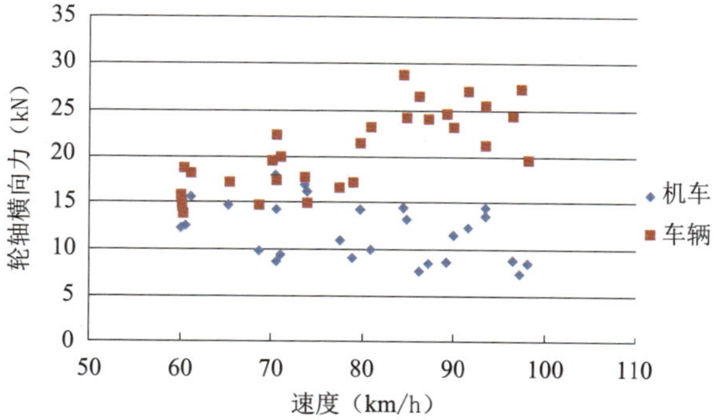

图 6.8　隧道内固化道床轮轴横向力测试结果

6.2 济青高速铁路

6.2.1 工程概况

济青高速铁路为双线客运专线，正线速度目标值为 350 km/h，其中济南东站至胶州北（不含）段速度目标值为 350 km/h，正线线间距：350 km/h 地段为 5.0 m，250 km/h 地段为 4.6 m。最小曲线半径一般地段为 7 000 m，引入枢纽根据设计速度选用，最大坡度 20‰。

济青高速铁路活动断裂带 K206+667~K209+610 区段设计采用聚氨酯固化弹性道床，设计速度为 350 km/h。该区段范围内含两条曲线，一条曲线半径 8 000 m，实设超高 155 mm；一条曲线半径为 10 000 m，实设超高 120 mm。钢轨采用 100 m 定尺长、U71MnG、60N 无螺栓孔新钢轨；轨枕采用Ⅲc 型混凝土枕，轨枕铺设根数为 1 667 根/km；扣件采用弹条Ⅴ型扣件；道床采用双梯形聚氨酯固化弹性道床结构。济青高速铁路线路平面示意如图 6.9 所示。

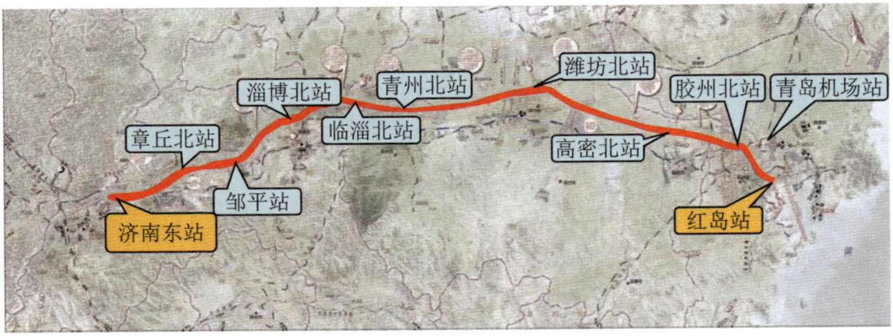

图 6.9　济青高速铁路线路平面示意

6.2.2　高速铁路有砟道床防飞溅涂层

1. 高速铁路有砟道床防飞溅涂层结构设计

有砟道床在时速 350 km 条件下所发生的道砟飞溅现象多是由道床表面的轻小碎石在列车风的作用下被卷起所导致的。为保障高速铁路的行车安全，可采用喷涂固化涂层对道床及枕盒间表面散体道砟进行局部固结的方案防止道砟飞溅现象的产生。设计采用的道床固化范围如图 6.10 所示。

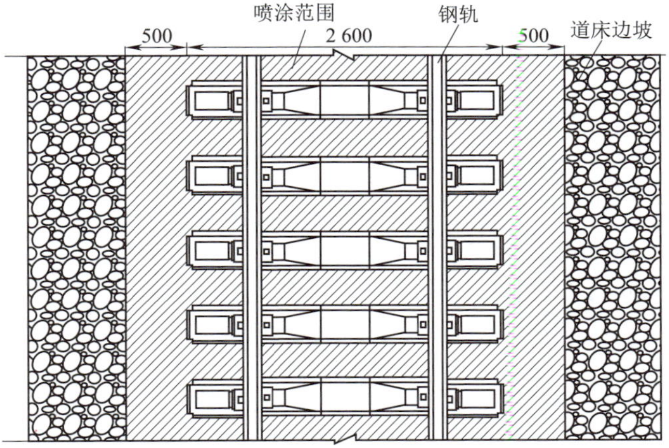

图 6.10　高速铁路防飞溅涂层设计范围（单位：mm）

2. 道砟防飞溅涂层材料性能要求

由于道砟颗粒大小不一且道床表面凹凸不平，防飞溅涂层的固化材料需同时具备在施工喷涂过程中具有流动性以及反应成型后具有较强刚性粘结力的特性。基于此，对固化材料按照 A、B 液体组合料的形式进行设计，A、B 组材料在混合并喷涂至道床表面后呈黏性液体性状，具备一定流动性，待黏性液体渗透道床表层道砟后凝结固化，形成表层道砟间的刚性粘结。在本次现场应用中设计采用的固化材料性能要求见表 6.6。

表 6.6　防飞溅涂层材料技术指标

<table>
<tr><th>序号</th><th colspan="3">项　目</th><th>技术指标</th></tr>
<tr><td rowspan="2">1</td><td colspan="2" rowspan="2">外观</td><td>A 料</td><td>深棕色液体</td></tr>
<tr><td>B 料</td><td>深黑色液体</td></tr>
<tr><td rowspan="2">2</td><td colspan="2" rowspan="2">密度（23 ± 2 ℃，g/cm³）</td><td>A 料</td><td>1.20 ± 0.05</td></tr>
<tr><td>B 料</td><td>1.00 ± 0.05</td></tr>
<tr><td rowspan="2">3</td><td colspan="2" rowspan="2">黏度（23 ± 2℃，mPa · s）</td><td>A 料</td><td>300 ± 100</td></tr>
<tr><td>B 料</td><td>300 ± 100</td></tr>
<tr><td>4</td><td colspan="2">拉伸强度（MPa）</td><td></td><td>≥ 45</td></tr>
<tr><td>5</td><td colspan="2">断裂伸长率</td><td></td><td>≥ 15%</td></tr>
<tr><td>6</td><td colspan="2">抗压强度（MPa）</td><td></td><td>≥ 40</td></tr>
<tr><td>7</td><td colspan="2">抗折强度（MPa）</td><td></td><td>≥ 14</td></tr>
<tr><td>8</td><td colspan="2">撕裂强度（MPa）</td><td></td><td>≥ 150</td></tr>
<tr><td>9</td><td colspan="2">硬度（邵 D）</td><td></td><td>≥ 70</td></tr>
<tr><td rowspan="3">10</td><td rowspan="3">热处理
（80℃，168 h）</td><td colspan="2">拉伸强度（MPa）</td><td>≥ 40</td></tr>
<tr><td colspan="2">撕裂强度（N/mm）</td><td>≥ 100</td></tr>
<tr><td colspan="2">硬度（邵 D）</td><td>≥ 65</td></tr>
<tr><td rowspan="3">11</td><td rowspan="3">紫外线老化
（UVA，1 000 h）</td><td colspan="2">拉伸强度（MPa）</td><td>≥ 40</td></tr>
<tr><td colspan="2">撕裂强度（N/mm）</td><td>≥ 100</td></tr>
<tr><td colspan="2">硬度（邵 D）</td><td>≥ 65</td></tr>
</table>

3. 道砟防飞溅涂层施工及验收

在施工时，采用自主研发的高压混合喷枪完成对 A、B 料的混合喷涂施工，如图 6.11 所示。为确保设计范围内的道砟全部固结，采用弹簧测力计对固化涂层进行检验，如图 6.12 所示。每

1 km 为一检验批，从中随机抽取 10 个枕盒进行检验。检验时，在每个枕盒间，随机抽取 6 处道砟连接点，并采用弹簧测力计对道砟之间喷涂节点进行测试，任意节点之间的粘结力不得小于 2 N。满足以下条件两者之一则判定固化不合格，需对该区段进行二次喷涂。

（1）每 1 km 范围内，共计 60 个测点中道砟连接点之间的粘结力小于 2 N 的节点大于 6 处。

（2）随机选取的 10 个枕盒中存在质量小于 50 g 的未固化道砟颗粒，且数量累计超过 30 颗。

图 6.11　涂层喷涂施工

图 6.12　固化涂层粘接力测试

6.2.3　时速 350 km 固化道床实车试验

1. 测点布置

为验证固化道床的行车动力特性及安全性，参照《轮轨横向力和垂向力地面测试方法》（TB/T 2489—2016）对固化道床结构的钢轨垂直力和横向水平力进行测试，并根据钢轨垂直力和水平力测试数据计算动车组内外轮脱轨系数、轮重减载率及轮对横向力等列车运行安全性参数，分别针对 CRTSⅢ型板式无砟轨道结构及固化道床结构进行测试。现场测点布设如图 6.13 和图 6.14 所示。

图 6.13　无砟轨道测点

图 6.14　固化道床区段测点

分别在道床中心、钢轨下、轨枕端部设置风压传感器，以测试高速列车通过时列车风场沿道床横断面的分布规律，济青高速铁路现场风压传感器布设如图 6.15 所示。

图 6.15　风压传感器现场测点布置

为对最高列车运行速度 385 km/h 条件下道砟的飞溅现象进行观测，采用了道床表面喷漆和视频监测相结合的手段进行观测，济青高速铁路现象道砟飞溅观测区及线路旁高清视频测点布置分别如图 6.16 和图 6.17 所示。

图 6.16　道砟飞溅观测区

图 6.17　线路旁高清视频测点布置

2. 行车动力特性分析

济青高速铁路逐级提速试验，试验速度由 335 km/h 逐级提速至 385 km/h，所得到的列车以不同速度通过固化道床、无砟轨道结构时的脱轨系数，轮轴横向力及轮重减载率峰值实测结果如图 6.18~图 6.20 所示。

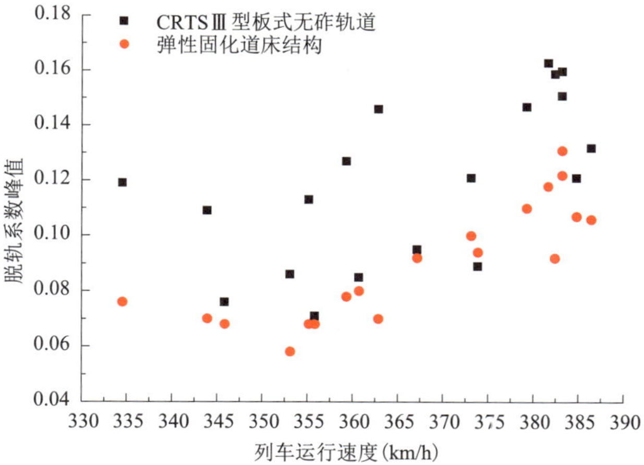

图 6.18　脱轨系数峰值

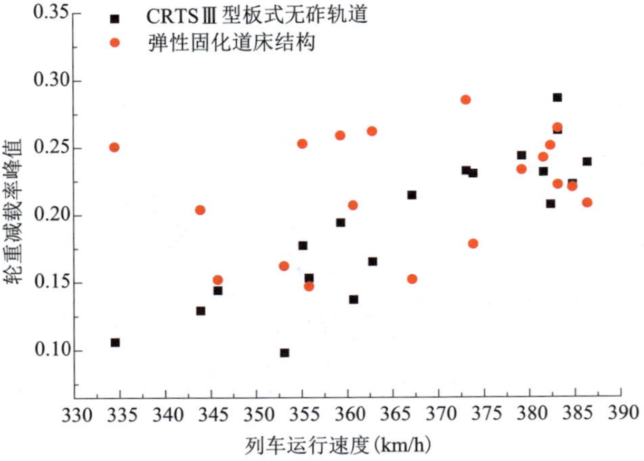

图 6.19　轮重减载率峰值

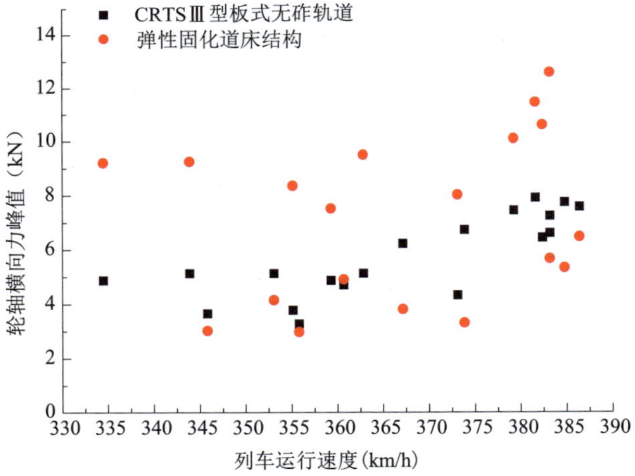

图 6.20　轮轴横向力峰值

由图 6.18~ 图 6.20 可以看出，当列车运行速度在 335~385 km/h 范围内变化时，列车通过两种轨道结构时，其脱轨系数、轮重减载率、轮轴横向力均满足《高速铁路工程动态验收技术规范》（TB 10761—2013）中的限值要求，且具有较大的安全余量。

3. 防飞溅涂层现场试验验证

在现场设置彩色道砟飞溅观测区，并通过高清摄像头对列车在 335~385 km/h 运行速度条件下道砟的飞溅现象进行观测，如图 6.21 和图 6.22 所示。

由图 6.22 可以看出，当列车以 387.6 km/h 通过时，道砟并未发生飞离道床的情况，说明聚氨酯固化弹性道床防飞溅涂层能有效防止列车高速运营条件下的道砟飞溅现象。

图 6.21　道砟飞溅观测区

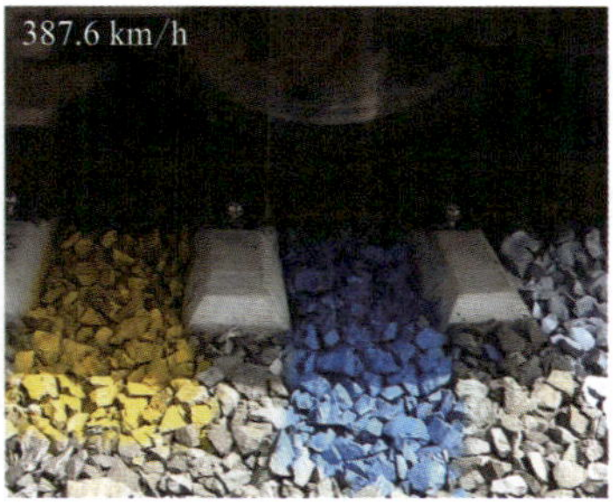

图 6.22　当列车以 387.6 km/h 通过时道砟飞溅情况

6.3　沪昆线北盘江特大桥

6.3.1　工程概况及施工情况

沪昆高速铁路北盘江特大桥位于贵州省安顺市关岭县与黔西南州晴隆县交界处，跨越北盘江，桥梁全长 721.25 m，为主桥跨度 445 m 的上承式钢筋混凝土拱桥，桥面距峡谷底部 288 m，最大墩高 102 m，是目前世界铁路同类型中跨度最大的桥梁，如图 6.23 所示。

图 6.23　沪昆高速铁路北盘江大桥

北盘江特大桥聚氨酯固化弹性道床结构按 300 km/h 设计，预留 350 km/h。轨道结构为 60 kg/m 钢轨，$Ⅲ_c$ 型混凝土枕，普通弹条Ⅴ型扣件，道床厚 35 cm，道床顶面低于承轨面 40 mm，且不高于轨枕中部顶面，砟肩至挡砟墙间以道砟填平。道砟采用特级水洗道砟。轨道结构断面如图 6.24 和图 6.25 所示。

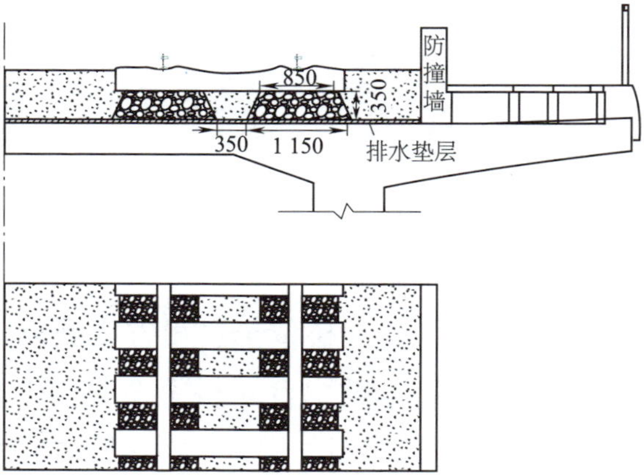

图 6.24　一般区段聚氨酯固化弹性道床断面示意（单位：mm）

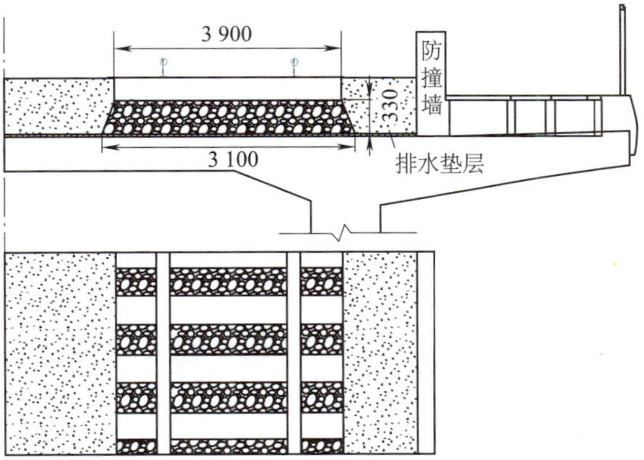

图 6.25　调节器区聚氨酯固化弹性道床结构断面示意（单位：mm）

聚氨酯固化弹性道床施工采用单枕浇注工艺，施工设备如图 6.26 所示，浇注头共计 12 个，每侧各 6 个，可一次将轨枕一端两侧的各 3 个点浇注完成；图中突出的 2 个蓝色配重体为保压设备，总重 3.03 t。

（a）施工设备正视图

（b）施工设备侧视图

图 6.26　北盘江大桥聚氨酯固化弹性道床施工设备

6.3.2 固化道床形态检验

浇注施工后，枕盒中聚氨酯固化弹性道床表面平整，均高于枕底 10~15 cm，浇注点间均形成一个整体，且沿钢轨方向也连接为一整体，固化高度满足要求，外侧成型饱满符合要求，如图 6.27 所示。

（a）固化道床中心成型情况　　（b）固化道床外侧成型情况

图 6.27　固化道床形态

6.3.3 轨检数据分析

聚氨酯固化弹性道床浇注前后轨道高程变化情况如图 6.28 所示，最大高程变化控制在 2 mm 以内，满足标准要求。

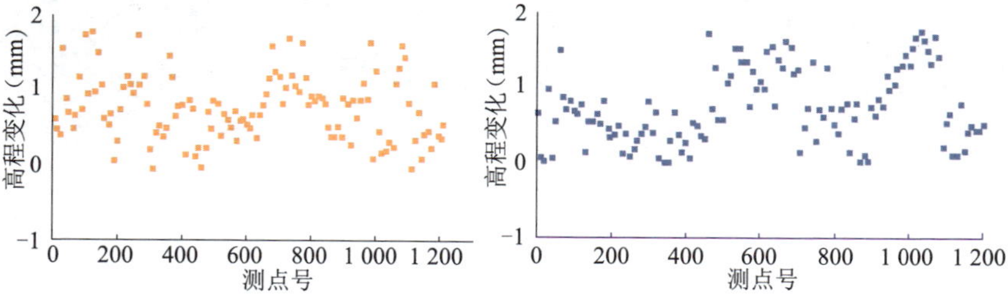

（a）右线　　（b）左线

图 6.28　聚氨酯固化弹性道床浇注前后高程变化

图 6.29 和图 6.30 为联调期间综合检测车检测结果，表明聚氨酯固化弹性道床的轨道平顺性良好。

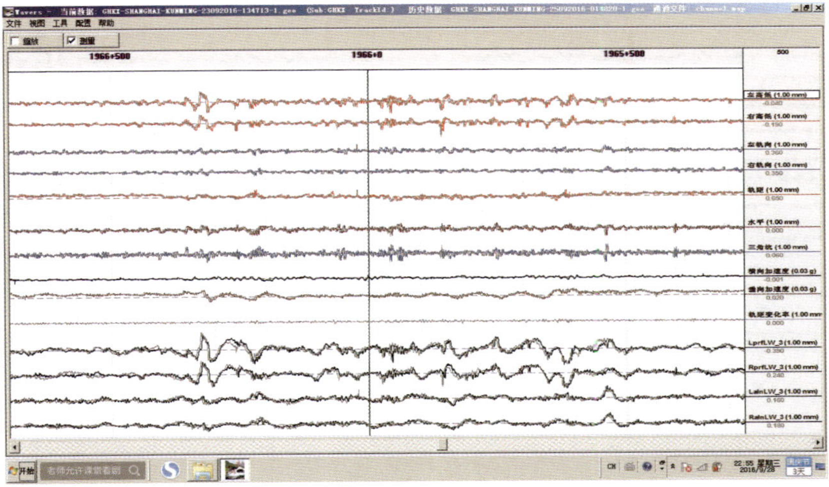

图 6.29　下行线 300 km/h 通过波形对比

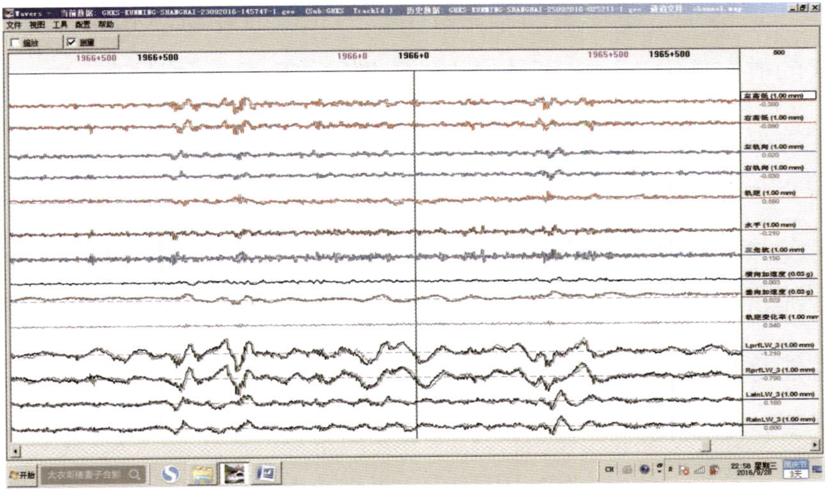

图 6.30　上行线 300 km/h 通过波形对比

图 6.31 为 2017 年 1 月~2018 年 6 月沪昆高速铁路的线路中心里程 1 965.936，长度 721 m 的线路波形。

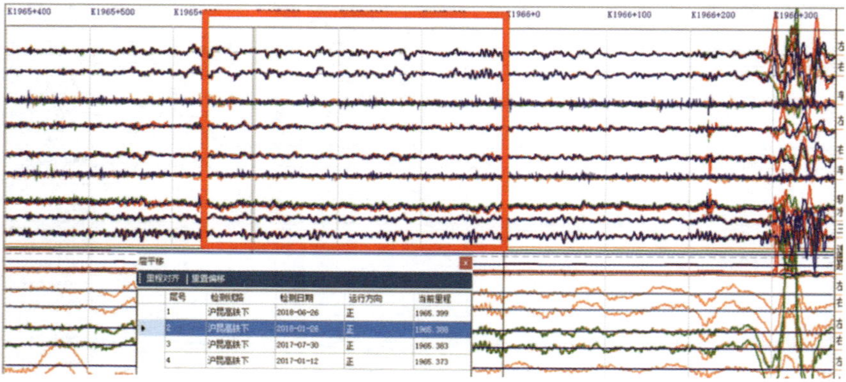

图 6.31　轨检数据线路波形图

6.4　京张高速铁路道岔区

道岔是铁路线路的薄弱环节，与正线有砟轨道相比，道岔区的道床受力不均、更易劣化、养护维修困难。如处理不善，就会造成道床刚度不均、岔枕局部空吊等病害，甚至威胁列车的安全运行。聚氨酯固化弹性道床具有良好的整体性和稳定性，且可免除捣固和清筛作业，将聚氨酯固化弹性道床技术在道岔区有砟道床中应用，则能起到延缓道床劣化，改善列车过岔动力性能等目的。此外，线路的维修天窗一般位于夜间，采用道岔区聚氨酯固化弹性道床技术，还可以避免城区内站线有砟轨道养护维修时大机作业对周围居民所带来的噪声及粉尘污染。因此，采用道岔区聚氨酯固化弹性道床技术具有重要的经济及社会效益。

6.4.1　工程概况及施工情况

京张高速铁路是我国“八纵八横”高速铁路网的重要组成部分，也是 2022 年北京冬奥会重要交通保障设施，是我国第一条采用我国自主研发的北斗卫星导航系统，设计时速为 350 km 的智能高速铁路。其中，北京北站站台北端至清华园隧道南端 U 形槽进口（DK13+155）、清华园隧道出口端 U 形槽终点（DK19+800~DK22+900）、清河站（DK22+900~DK23+394）设计为聚氨酯固化弹性道床，包括 10 km 线路、19 组 60 kg/m 钢轨 12 号单开道岔，于 2019 年 12 月施工完成。北京北站现场施工情况如图 6.32 所示。

图 6.32　北京北站聚氨酯固化弹性道床现场浇注情况

清河站现场施工情况如图 6.33 所示。

图 6.33　清河站聚氨酯固化弹性道床现场浇注情况

6.4.2　岔区道床动力性能测试结果

列车运行安全性指标（地面测试）：动车组通过清河站 105 号岔位 12 号道岔时，实测脱轨系数、轮重减载率和轮轴横向力等参数统计见表 6.7。

表 6.7　列车运行安全性指标（地面测试）统计表

道岔位置	行车路径	脱轨系数			轮重减载率			轮轴横向力（kN）		
		最大值	平均值	标准差	最大值	平均值	标准差	最大值	平均值	标准差
105 号岔位	直向	0.14	0.08	0.02	0.16	0.04	0.03	8.5	6.5	1.2
	侧向	0.61	0.28	0.25	0.29	0.17	0.05	21.2	5.8	4.7

脱轨系数、轮重减载率和轮轴横向力与速度关系如图 6.34 ~ 图 6.39 所示。

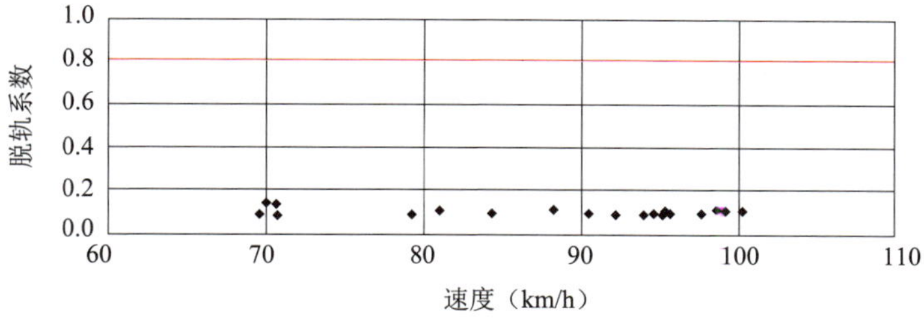

图 6.34　105 号岔位脱轨系数与速度关系（直向）

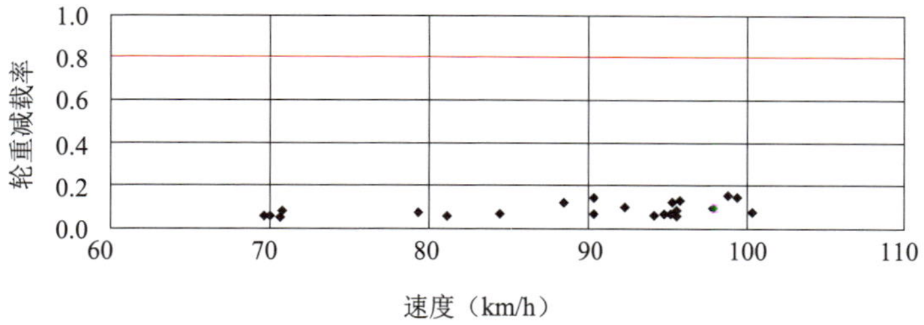

图 6.35　105 号岔位轮重减载率与速度关系（直向）

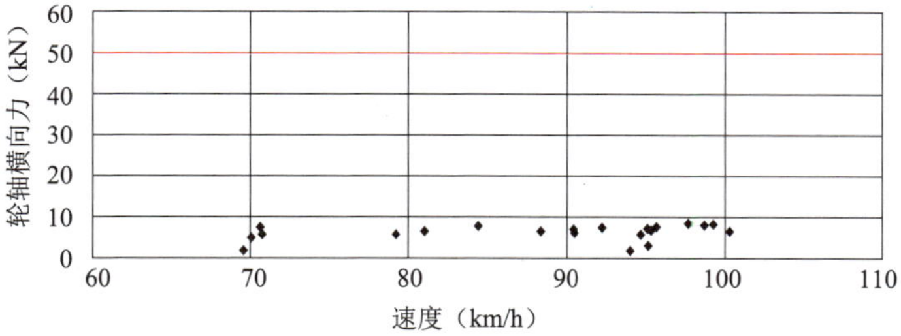

图 6.36　105 号岔位轮轴横向力与速度关系（直向）

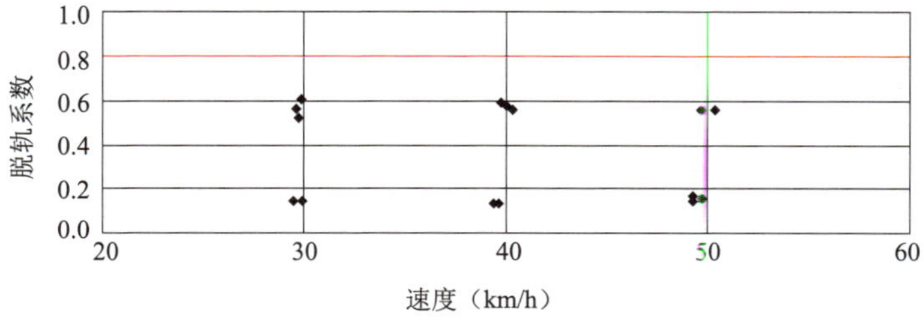

图 6.37　105 号岔位脱轨系数与速度关系（侧向）

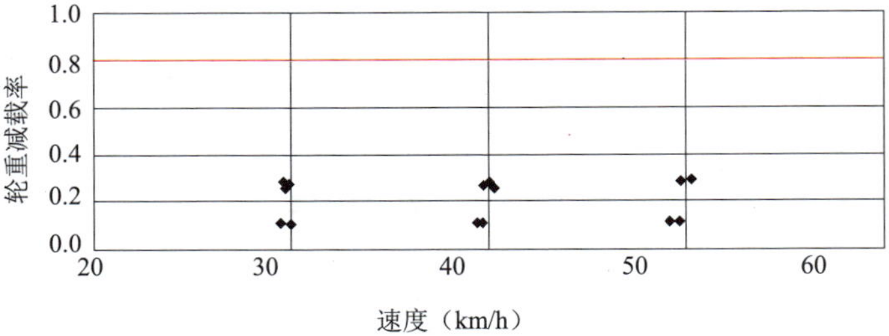

图 6.38　105 号岔位轮重减载率与速度关系（侧向）

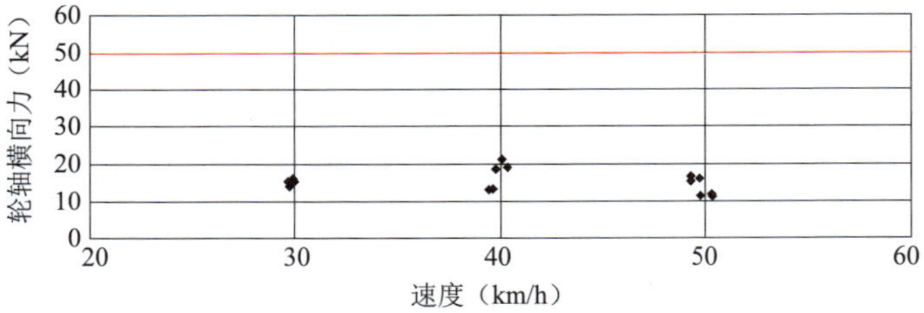

图 6.39　105 号岔位轮轴横向力与速度关系（侧向）

动车组直向通过清河站 105 号岔位 12 号道岔时，实测脱轨系数最大值 0.14（v=70.0 km/h），轮重减载率最大值 0.16（v=98.7 km/h），轮轴横向力最大值 8.5 kN（v=97.7 km/h）。

动车组侧向通过清河站 105 号岔位 12 号道岔时，实测脱轨系数最大值 0.61（v=29.9 km/h），轮重减载率最大值 0.29（v=50.3 km/h），轮轴横向力最大值 21.2 kN（v=40.0 km/h）。

检测结果表明，各参数实测值均小于相应限值。

6.4.3　道岔区横向稳定性指标

动车组通过清河站 105 号岔位 12 号道岔时，道岔区横向稳定性指标统计见表 6.8。

表 6.8　道岔区横向稳定性指标实测最大值（mm）

道岔位置	行车路径	直基本轨横向位移	曲基本轨横向位移	动态轨距变化量	尖轨开口量	导曲线横向位移	翼轨横向位移
105 号岔位	直向	0.26	0.19	0.44	0.94	—	0.17
	侧向	0.54	0.62	1.09	1.43	1.06	0.15

道岔区横向稳定性指标与车速关系如图 6.40~图 6.50 所示。

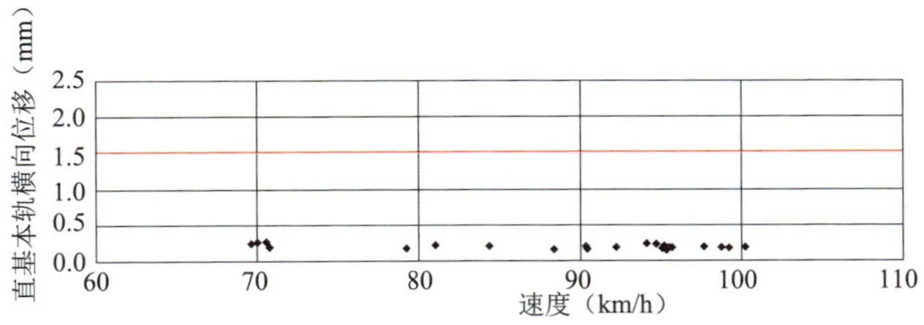

图 6.40　105 号岔位直基本轨横向位移与车速关系（直向）

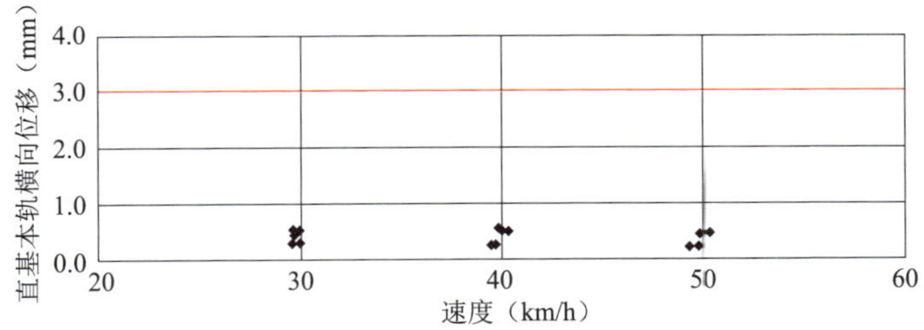

图 6.41　105 号岔位直基本轨横向位移与车速关系（侧向）

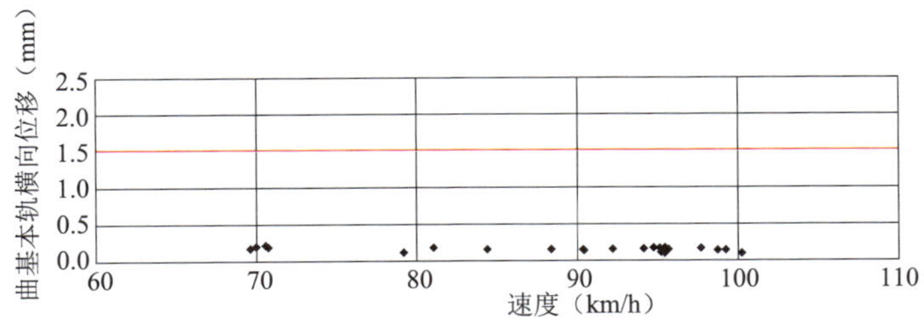

图 6.42　105 号岔位曲基本轨横向位移与车速关系（直向）

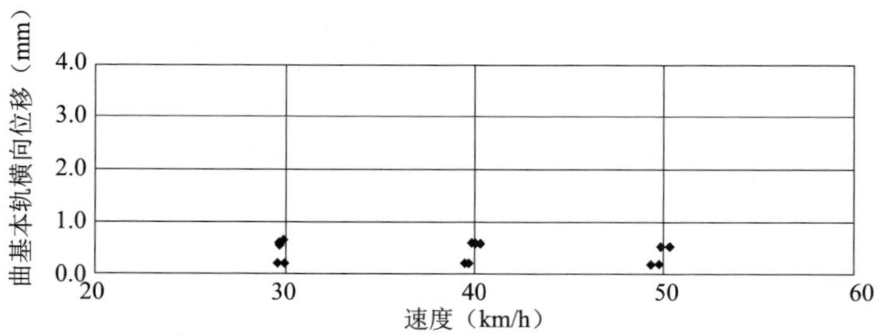

图 6.43　105 号岔位曲基本轨横向位移与车速关系（侧向）

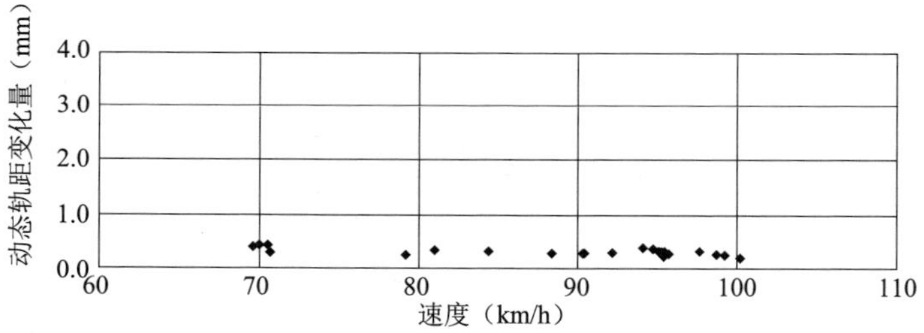

图 6.44　105 号岔位动态轨距变化量与车速关系（直向）

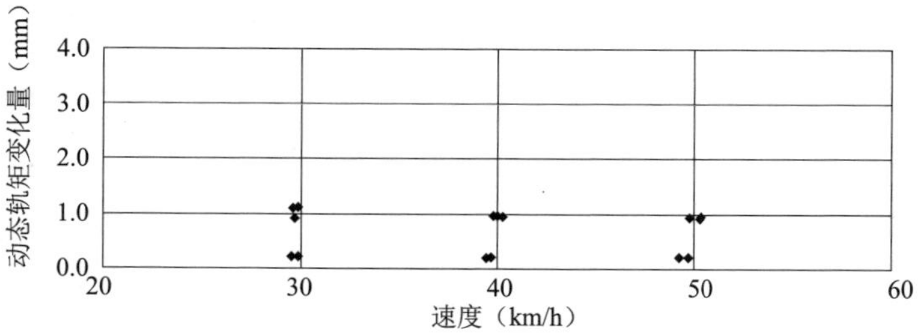

图 6.45　105 号岔位动态轨距变化量与车速关系（侧向）

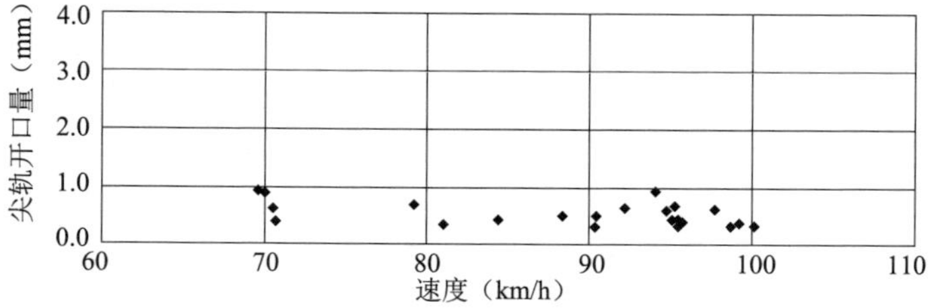

图 6.46　105 号岔位尖轨开口量与车速关系（直向）

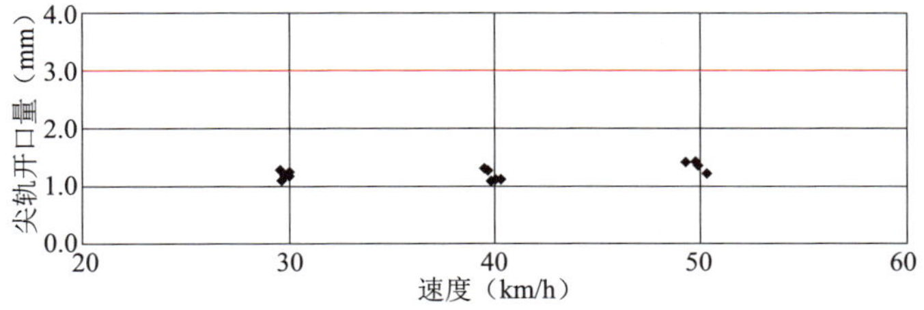

图 6.47　105 号岔位尖轨开口量与车速关系（侧向）

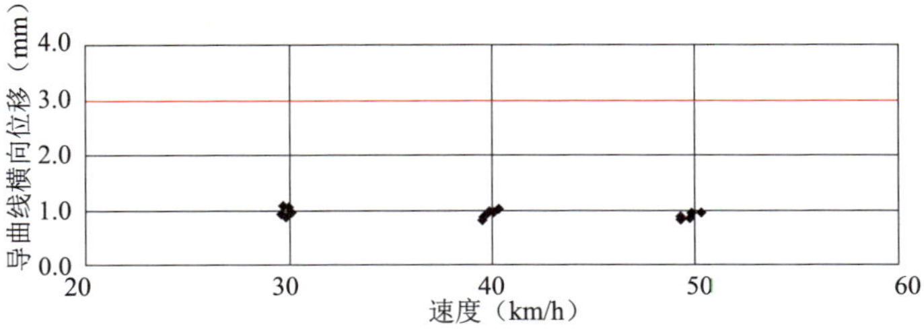

图 6.48　105 号岔位导曲线横向位移与车速关系（侧向）

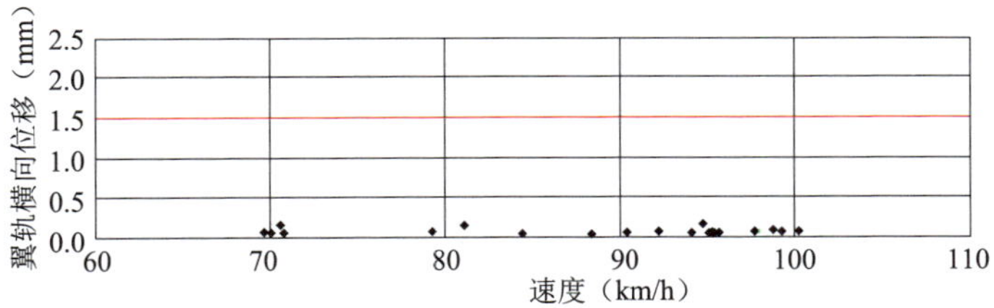

图 6.49　105 号岔位翼轨横向位移与车速关系（直向）

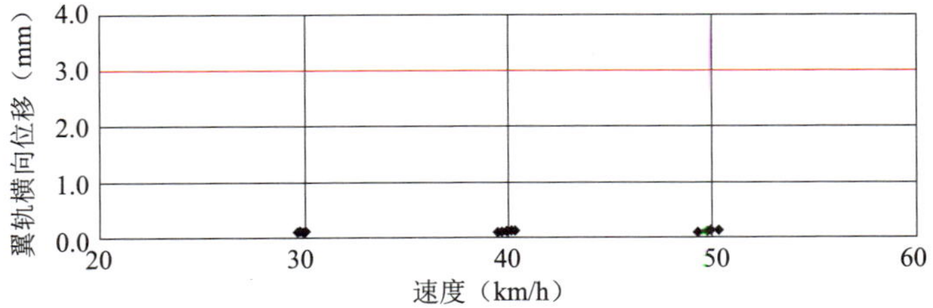

图 6.50　105 号岔位翼轨横向位移与车速关系（侧向）

动车组直向通过清河站105号岔位12号道岔时，实测直基本轨横向位移最大值0.26 mm（v=70.0 km/h），曲基本轨横向位移最大值0.19 mm（v=70.6 km/h），动态轨距变化量最大值0.44 mm（v=70.0 km/h），尖轨开口量最大值0.94 mm（v=94.1 km/h），翼轨横向位移最大值0.17 mm（v=94.7 km/h），各项指标均小于限值。

动车组侧向通过清河站105号岔位12号道岔时，实测直基本轨横向位移最大值0.54 mm（v=39.8 km/h），曲基本轨横向位移最大值0.62 mm（v=29.9 km/h），动态轨距变化量最大值1.09 mm（v=29.7 km/h），尖轨开口量最大值1.43 mm（v=49.7 km/h），导曲线横向位移最大值1.06 mm（v=29.7 km/h），翼轨横向位移最大值0.15 mm（v=40.0 km/h），各项指标均小于限值。

综上所述，京张高速铁路岔区聚氨酯固化弹性道床测试结果如下：

（1）列车运行安全性指标（地面测试）

动车组直向通过清河站105号岔位12号道岔时，实测脱轨系数最大值0.14，轮重减载率最大值0.16，轮轴横向力最大值8.5 kN；动车组侧向通过清河站105号岔位12号道岔时，实测脱轨系数最大值0.61，轮重减载率最大值0.29，轮轴横向力最大值21.2 kN。

检测结果表明，列车运行安全性指标各参数实测值均在其相应评判标准限值内。

（2）道岔区轨道刚度参数

动车组直向通过清河站105号岔位12号道岔时，实测轮轨垂向力最大值 77.1 kN，钢轨垂向位移最大值 0.45 mm；动车组侧向通过清河站 105 号岔位 12 号道岔时，实测轮轨垂向力最大值 91.3 kN，钢轨垂向位移最大值 0.45 mm。

检测结果表明，道岔区轨道刚度参数均在其相应评判标准限值内。

（3）道岔区横向稳定性指标

动车组直向通过清河站 105 号岔位 12 号道岔时，实测直基本轨横向位移最大值 0.26 mm，曲基本轨横向位移最大值 0.19 mm，动态轨距变化量最大值 0.44 mm，尖轨开口量最大值 0.94 mm，翼轨横向位移最大值 0.17 mm，各项指标均小于限值。

动车组侧向通过清河站 105 号岔位 12 号道岔时，实测直基本轨横向位移最大值 0.54 mm，曲基本轨横向位移最大值 0.62 mm，动态轨距变化量最大值 1.09 mm，尖轨开口量最大值 1.43 mm，导曲线横向位移最大值 1.06 mm，翼轨横向位移最大值 0.15 mm，各项指标均小于限值。

6.5　沪蓉铁路武汉江岸特大桥

沪蓉铁路武汉江岸特大桥聚氨酯固化弹性道床试验段（下行 K800+237~+367）长度 130 m，于 2009 年铺设。试验段 2011 年安排改轨距 1 次，2015 年安排调整轨距、高低、水平 1 次，之后未安排其他维修整治作业。2019 年 5 月，现场调研发现钢轨光带居中，轨枕、扣件等轨道部件无伤损，道床稳定，聚氨酯材料未见明显老化，整体轨道状态良好，如图 6.51 所示。

（a）2010 年 1 月　（b）2010 年 1 月

（c）2019 年 5 月　（d）2019 年 5 月

图 6.51　江岸桥现场调研照片

选取沪蓉铁路下行试验段及其前后各 1 km 区段 2011—2019 年 7 次的轨检车数据进行对比，如图 6.52~ 图 6.55 所示。由图可以看出，试验段及其前后 1 km 区段波形重复性较好，轨道几何状态保持稳定。

应用段 TQI 值变化情况如图 6.55 所示。可以看出，应用段自 2011 年以来平均 TQI 值逐年下降并在 2016—2017 年保持稳定，其前后 1 km 区段平均 TQI 值相对稳定，因此试验段从开通至今轨道状态稳定。

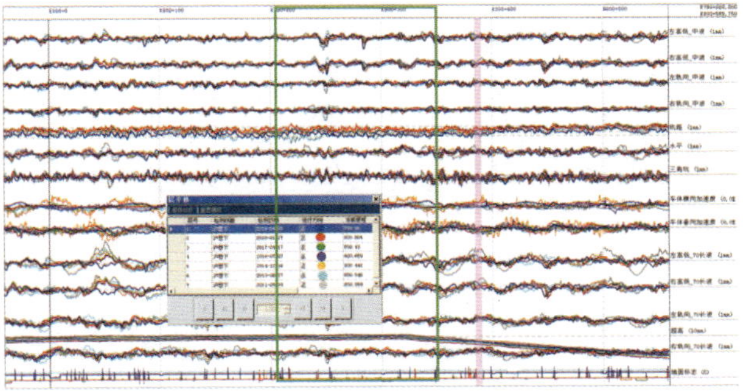

图 6.52　沪蓉铁路下行 K800+237~+367（应用段）波形对比

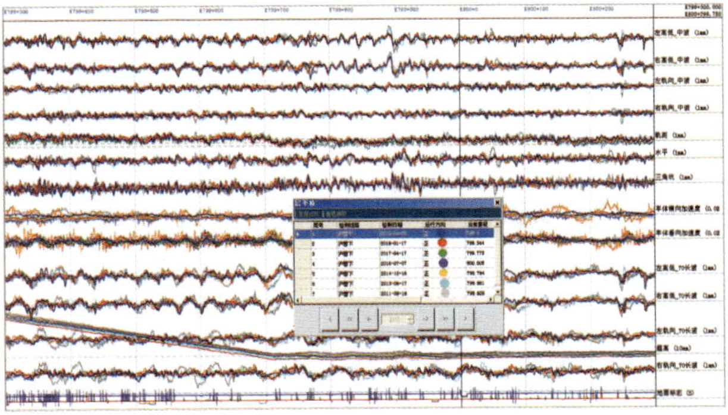

图 6.53　沪蓉铁路下行应用段前 1 km 波形对比

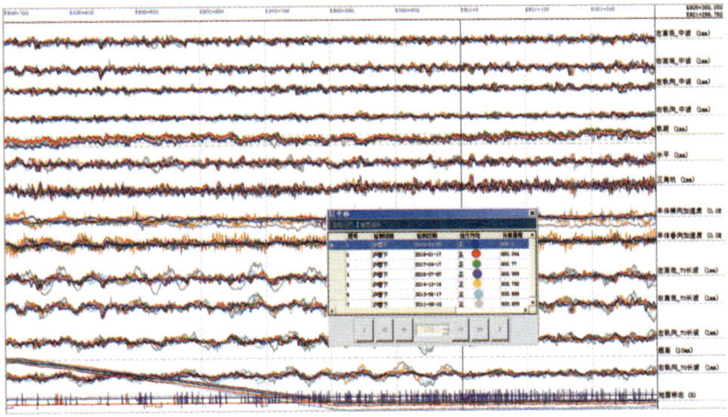

图 6.54　沪蓉铁路下行应用段后 1 km 波形对比

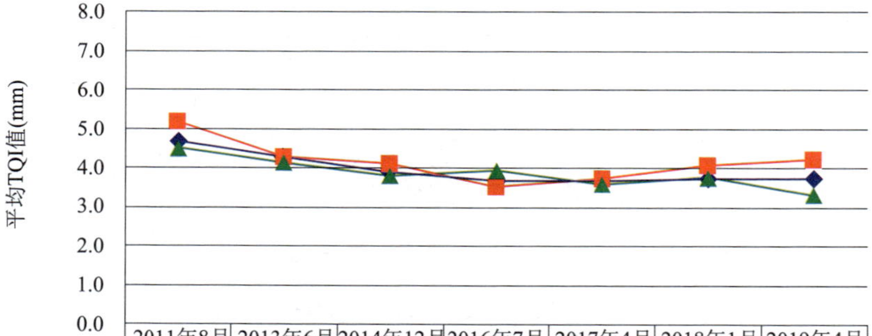

	2011年8月	2013年6月	2014年12月	2016年7月	2017年4月	2018年1月	2019年4月
应用段	4.7	4.2	3.9	3.7	3.7	3.7	3.7
应用段前1 km	5.2	4.3	4.1	3.5	3.7	4.0	4.2
应用段后1 km	4.5	4.1	3.8	3.9	3.6	3.7	3.3

图 6.55　沪蓉铁路下行应用段及其前后 1 km 平均 TQI 值变化

6.6 小　　结

本章重点针对聚氨酯固化弹性道床结构在我国线路典型工点中的应用进行了介绍，主要包括重载铁路的典型工点瓦日铁路、高速铁路的典型工点济青高速铁路、特殊区段超大跨桥上的典型工点北盘江大桥以及道岔区聚氨酯固化弹性道床的典型工点京张高速铁路。

最早建设于 2009 年沪蓉铁路武汉江岸特大桥的运营维护情况分析结果表明，铺设最早的沪蓉铁路武汉江岸特大桥试验段 2010 年 4 月开通运营，运营至今，无道床捣固、清筛维修，轨道状态稳定。

第7章

聚氨酯固化弹性道床的维修预案

聚氨酯固化弹性道床的维修方案分为三种：采用扣件调整、抬枕起道和上拱切割，每一种维修方法选用的原则就是少动道，在天窗点内完成作业，开通后不限速。

7.1 扣件调高

1. 普通弹条 V 型扣件维修

当高速铁路聚氨酯固化弹性道床的沉降变形小于 10 mm 时，可采用普通弹条 V 型扣件调整轨面高度。该扣件由弹条、螺旋道钉、平垫圈、轨距挡板、轨下垫板和定位于预应力混凝土有挡肩枕的预埋套管组成。联结组装如图 7.1 所示。

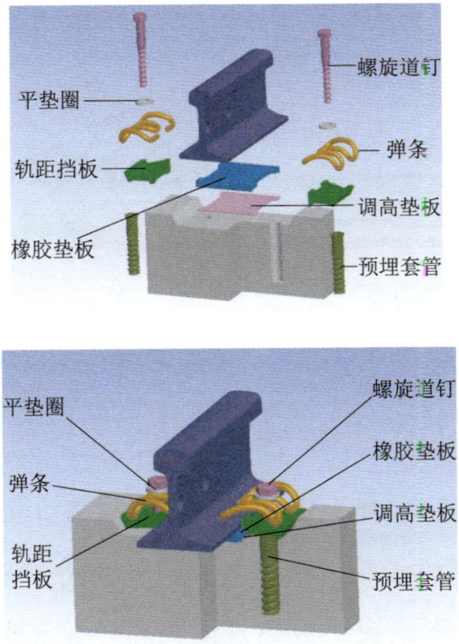

图 7.1 弹条 V 型扣件结构组成

进行调高作业时，在轨下垫板与混凝土枕承轨面间垫入调高垫板实现钢轨高低调整，其最大调高量为 10 mm。

2. 弹条V型大调整量扣件维修

当铁路聚氨酯固化弹性道床轨道调高量大于 10 mm 时，可采用弹条 V 型大调整量扣件维修。该扣件由弹条、螺旋道钉、平垫圈、大调高用轨距挡板、轨下垫板、钢调高垫板、钢垫板下绝缘垫板和定位于预应力混凝土有挡肩枕的预埋套管组成。扣件的联结组装如图 7.2 所示。

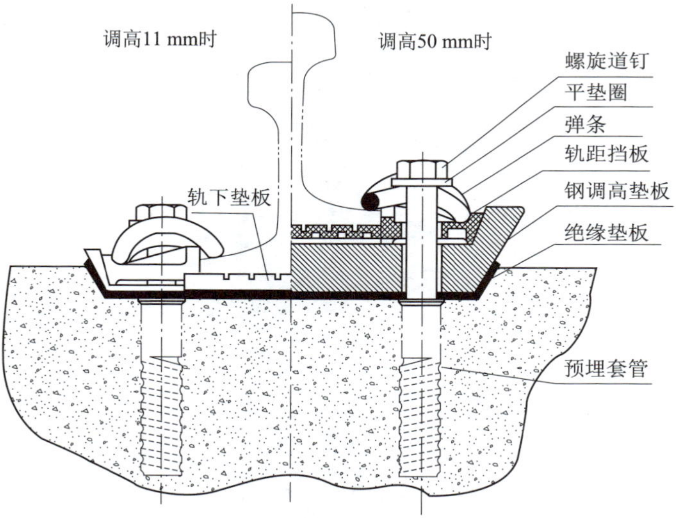

图 7.2　弹条V型扣件大调高量结构组成

通过在轨下垫板与混凝土枕承轨面间垫入调高垫板和在轨下垫板和钢垫板下绝缘垫板垫入钢调高垫板实现钢轨高低调整，总调整量为 0~+50 mm。

7.2　起道注浆

当超过扣件调整范围时，采用高分子灌注材料的调整方案，具体按照现场实际情况将轨道调整方案分为两类：

（1）当轨枕沉降量在 2 cm 以内时，采用小型混合注料器对轨下部分进行灌注，注料器设备如图 7.3 所示。

图 7.3　聚氨酯修补材料注料器

（2）当线下基础或道床沉降量大于扣件调高量且枕沉降量在 2 cm 以上时，采用起道的方法加以维修。将轨枕与固化道床分离，在轨枕与道床间隙内填入道砟，浇注聚氨酯修补材料，把填入的道砟、固化道床和轨枕粘结，使固化道床和轨枕成为一体。

分离轨枕和固化道床时，利用聚氨酯材料粘结强度高但撕裂强度相对较低的特点，将要分离的轨枕两侧各三根轨枕的扣件全部松开，在被分离轨枕两侧砟盒内轨下位置放置小型起道机，利用起道机抬升钢轨和轨枕，可将道床和轨枕分离，如图 7.4 和图 7.5 所示。

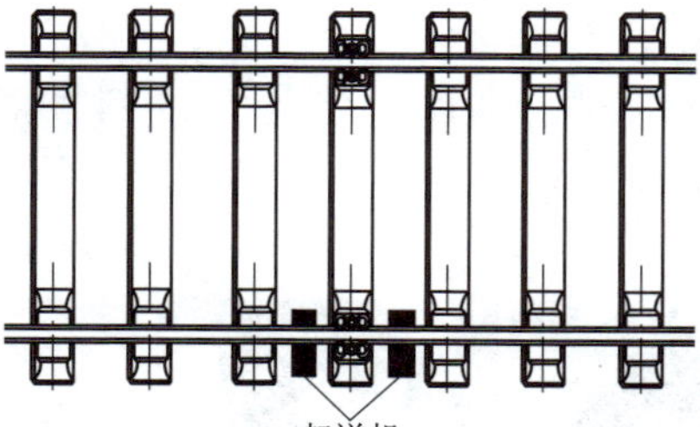

图 7.4　分离轨枕示意

图 7.5　分离后的轨枕

分离轨枕后，将钢轨抬高到预定高度，在轨枕底部垫入小碎石，然后在轨枕周围立模，倒入聚氨酯固化弹性道床修补材料混合液，完成修补工作，修补材料性能要求见表 7.1。修补后的固化道床与混凝土枕和原固化道床粘结紧密，修补作业 2 h 后压缩强度能达到 80%，在天窗点内可完成修补工作，不影响正常通车。

表 7.1　聚氨酯修补材料性能指标

序号	项　目		单位	性能指标
1	初始反应时间		min	1.5~2.0
2	表面干燥时间		min	2.5~4.0
3	压缩强度	1 h	MPa	≥ 20
		2 h	MPa	≥ 40
		1 d	MPa	≥ 50
4	拉伸强度	1 d	MPa	≥ 15
5	粘结性能	与混凝土粘结强度	MPa	≥ 3.0
		与固化材料粘结强度	—	在固化材料本体断裂

续上表

序号	项　　目		单位	性能指标
6	长期压缩变形	0.5 MPa 压缩 180 d	—	≤ 1.0%
7	干热老化后（110 ℃、168 h）	压缩强度保持率	—	≥ 80%
8	湿热老化（80 ℃、95%RH、168 h）	压缩强度保持率	—	≥ 80%
9	耐紫外线老化（168 h）	压缩强度保持率	—	≥ 80%
10	阻燃性能		—	离火自熄

7.3　上拱切割

当线下基础上拱高度超过限值时，可采用绳锯把上拱部分切割。具体步骤是施工前测量→分离轨枕→轨道结构限位→聚氨酯道床切割→轨道结构竖向临时支撑→落道精调→浇注修补材料粘结轨枕。固化道床上拱维修作业，在天窗点内可完成，采用的修补材料与抬高固化道床用的相同。施工中的绳锯如图 7.6 所示。

图 7.6　绳锯示意

第8章 聚氨酯固化弹性道床发展与应用展望

聚氨酯固化弹性道床目前只是作为工程难题的解决方案，在典型工程中应用，很难精确计算造价，特别是和有砟轨道、无砟轨道进行经济对比时，整个生命周期内的运维数据还不能有准确数据，但节省运维费用也是固化道床的主要优势。在社会经济效益对比中，固化道床减少了维修中道砟的需求量，绿色环保的社会经济效益显著。秉承了有砟轨道和无砟轨道优点的固化弹性道床结构，未来以多种结构形式应用于新建和旧线改造工程中，经济性社会性效益愈加显著。

具有自主知识产权的聚氨酯固化弹性道床轨道结构兼具有砟轨道和无砟轨道结构的优点，已在高速铁路、重载铁路及长大桥梁、下部基础不稳定的特殊区段得到了应用。综合而言，聚氨酯固化弹性道床结构虽具有较高的建设成本，但由于免除了捣固清筛等日常养护作业，具有较高的全寿命周期经济性，且由于解决了道砟飞溅问题，是目前时速 350 km 级线路不宜铺设无砟轨道结构区段的最优选择。

8.1 聚氨酯固化弹性道床的经济效益

聚氨酯固化弹性道床在全生命周期内的成本包括工程建设成本和运营维修成本两个方面，与有砟轨道和无砟轨道相比，全寿命周期内固化道床的经济效益显著。

1. 聚氨酯固化弹性道床造价

根据现场试验测算，固化道床比碎石道床增加的工程投资为 410~460 万元/km（聚氨酯材料价格受市场行情波动影响较大）。

2. 固化道床运营维修费用

普通碎石道床进入稳定阶段后，在运营条件下，每 10 年累积变形为 17 mm，而聚氨酯固化弹性道床为 2.2 mm，远远小于普通碎石道床累积变形，因此可减少或避免线路的不均匀沉降及所衍生的其他病害的养护维修工作量。以我国 2009 年铺设的沪蓉铁路武汉江岸特大桥为例，其聚氨酯固化弹性道床迄今已接近

10年无道床相关的养护维修。尤其是在艰险山区、高原无人区等难以频繁养护维修的地段，其经济性将更为突出。

3. 普通有砟道床的运营维修费用

高速有砟道床通过总重每7亿吨进行大修，每3~4亿吨进行中修，每1~1.5亿吨进行维修。根据变形推测通过总重30亿吨（相当于高速铁路运营60年），固化道床无维修作业，而高速有砟道床需进行4次大修，4次中修，12~22次维修。固化道床在运营38年后，其全寿命周期经济性将会超越有砟轨道结构。

目前，固化道床还处于研究和初步应用阶段，造价比较高。从无砟轨道的应用发展过程看，无砟轨道在开发使用初期造价约为有砟轨道的3倍，后经部件制作的工厂化、部件运输的专业化及铺设施工的机械化，逐步形成了无砟轨道建造的工业化生产线，成本下降，经济效益显现。随着聚氨酯固化弹性道床技术的逐步成熟，材料费和施工费用都会有所降低，其经济性将会更好。

8.2 聚氨酯固化弹性道床的社会效益

高速铁路和重载铁路是未来铁路发展的主要方向。高速铁路大量采用无砟轨道，但是在长大钢桥和地层断裂带等地区，还需采用有砟轨道。有砟轨道不论在高速铁路或重载铁路应用中，维修工作量大和维修天窗时间少的矛盾都很突出。聚氨酯固化弹性道床兼具有砟轨道和无砟轨道的优点，可维修性较无砟轨道好，维修工作量少，为轨道结构选型提供了一种新选择，其经济和社会效益显著，具体表现在以下方面：

（1）丰富和完善了我国轨道结构技术体系。

我国国土辽阔，自然和地质环境差异大，轨道结构的适应性选择非常重要。固化道床作为一种新型轨道结构，进一步提升轨道结构耐久性和环境适应性，最大限度地减少养护维修工作量，促进了我国铁路轨道结构的多元化发展。

（2）进一步保证线路耐久性的同时，提高运输能力，减少运营成本。

聚氨酯固化弹性道床能长时间保持良好的轨道状态，日常维修作业简单，缩短了维修天窗时间，提高运输能力，降低运营成本。

（3）养护维修工作量少，改善工人劳动条件和环境。

保守估计聚氨酯固化弹性道床应用于高速铁路 30 年内、重载铁路 15 年内不用养护，维修工作内容一般为抽换垫板，不用工人进行补砟作业，尤其是在川藏铁路等不具备人工养护维修条件的特殊线路区段，对于改善工人劳动条件和环境有重大意义。

（4）可减少铁路建设和运营对碎石道砟的需求，有利于节约资源。

固化道床能有效延长道砟的使用寿命，并减少道砟的使用等级，在特殊环境条件下还有可能采用洞渣进行制备，对于我国自然资源日益衰竭和匮乏问题的解决和生态文明建设意义重大。

8.3 聚氨酯固化弹性道床技术前景及发展趋势

客运高速、货运重载是当今铁路发展的方向。截至 2022 年底，我国高速铁路营业里程已增加到 4.2 万 km，居世界第一位，其中铺设有砟轨道约 1.5 万 km，主要应用在 250 km/h 高速铁路除 6 km 以上隧道外的所有线路上、300 km/h 及以上高速铁路的特大跨度桥梁和大型站场上。由于有砟轨道的道砟飞散和桥上有砟道床容易产生“液化”（道砟出现液体般流动现象）失稳，目前特大桥梁上有砟轨道区段运行速度不超过 250 km/h；同时，采用有砟道床的道岔和钢轨伸缩调节器区段道床的变形和钢轨件的移动组合在一起，导致轨道几何状态维持困难，养护维修工作量大幅增加。

由于重载铁路以有砟轨道为主，随着通过总重的增加，道砟破碎粉化严重，加剧了道床脏污，引起道床弹性降低甚至丧失、排水能力越来越差，从而导致轨道部件伤损、轨道几何尺寸超限、道床板结与翻浆冒泥，养护维修量快速增加。在重载铁路隧道内，刚性基础上道砟破碎粉化更加严重，粉尘、煤灰污染难以治理，道床恶化速率加快，不仅导致轨道结构伤损，还会增大传递到隧道基底的荷载和振动，引起隧道的伤损。由于隧道内养护维修环境差，特别是我国先期修建的重载铁路隧道面积不能满足大型清筛机作业要求，道床保持良好状态非常困难，已经成为影响重载铁路运输效率和安全的重要因素。

为解决高速铁路特大跨度桥上、道岔区、钢轨伸缩调节器区有砟轨道的稳定性与道砟飞溅问题，以及重载铁路隧道内有砟轨道的脏污和弹性问题，目前最有效的技术途径是道床的固化。因此，聚氨酯固化弹性道床技术在我国具有很好的发展前景。聚氨酯固化弹性道床技术发展的方向包括：

（1）研究道砟胶粘结与膨化固结道床结合的固化道床结构。充分利用道砟胶粘结道床的排水性能，无需专门对道床排水进行专门设计，发挥固化道床能够提高道床弹性的性能优势。

（2）研发与聚氨酯固化弹性道床技术相配套的扣件系统，一方面实现聚氨酯固化弹性道床与相邻无砟轨道区段过渡段刚度的均匀过渡，一方面研发与聚氨酯固化弹性道床相匹配的大调高量扣件，解决聚氨酯固化弹性道床的养护维修问题。

（3）研发低膨胀及受道砟清洁度、温度、湿度影响小的聚氨酯固化材料。通过降低聚氨酯材料的膨胀力，减少施工对轨道平顺性的影响，取消保压措施；研发多适应性聚氨酯材料，降低对道砟清洁度要求，取消烘干措施。

（4）研发烘干、浇注工序分开且轻便的单元式施工设备。目前聚氨酯固化弹性道床施工设备需要在 7 辆平车上装载，在运营线路上施工效率低、制约因素多。由于烘干和浇注工序可以分开，应当研究单元式施工设备，保证在天窗点内高效率作业。

（5）研究工厂化预制装配式聚氨酯固化弹性道床轨道结构，从而达到降低综合成本，提高施工质量等目的。

（6）研究聚氨酯固化弹性道床的减振机理以及实际作用效果，开发适用于城市轨道交通以及有减振降噪需求线路区段的聚氨酯固化弹性道床结构。

参考文献

[1] 国家铁路局．高速铁路设计规范：TB 10621—2014[S]. 北京：中国铁道出版社，2015.

[2] 中国铁路总公司．聚氨酯泡沫固化道床暂行技术条件：TJ/GW 115—2013[S]. 北京：中国铁道出版社，2014.

[3] 中华人民共和国铁道部．高速铁路轨道工程施工质量验收标准：TB 10754—2018[S]. 北京：中国铁道出版社，2019.

[4] 中华人民共和国铁道部．高速铁路工程动态验收技术规范 TB 10761—2013[S]. 北京：中国铁道出版社，2013.

[5] 曾树谷．铁路散粒体道床 [M]. 北京：中国铁道出版社，1997.

[6] 高亮，徐旸．高速铁路有砟轨道碎石道床力学分析 [M]. 北京：中国铁道出版社有限公司，2020.

[7] 高速铁路轨道技术国家重点实验室，拜耳材料科技（中国）有限公司，北京铁路局，等．聚氨酯固化道床及轨道结构减振技术的试验研究 [R]. 北京：中国铁道科学研究院，2011.

[8] 中国铁道科学研究院．聚氨酯固化道床关键技术深化研究 [R]. 北京：中国铁道科学研究院研究，2013.

[9] 中国铁道科学研究院．聚氨酯固化道床施工轨道变形控制技术及养护维修技术研究 [R]. 北京：中国铁道科学研究院研究，2014.

[10] 中国铁道科学研究院．聚氨酯固化道床关键技术及标准研究 [R]. 北京：铁道科学研究院研究报告，2012.

[11] 中国铁道科学研究院．聚氨酯固化道床及轨道结构减振技术的试验研究 [R]. 北京：中国铁道科学研究院，2012.

[12] 徐旸．铁路有砟道床力学特性及劣化机理研究 [D]. 北京：北京交通大学，2016.

[13] 蒋函珂．聚氨酯固化道床结构动力特性研究 [D]. 北京：北京交通大学，2015.

[14] KENNEDY J. A full-scale laboratory investigation into railway track substructure performance and ballast reinforcement[D].Edinburgh：Heriot-Watt University，2011.
[15] 王红，许永贤，许良善，等 . 重载铁路聚氨酯固化道床结构形式及其合理参数的研究 [J]. 铁道建筑，2014(7)：129-132.
[16] 郄录朝，王红，许永贤，等 . 聚氨酯固化道床的力学性能试验研究 [J]. 铁道建筑，2015(1)：107-112.
[17] 徐旸，杨国涛，王红，等 . 预制装配式聚氨酯道床结构研究 [J]. 中国铁道科学，2020(1)：18-24.
[18] 徐旸 . 预制式聚氨酯固化道床合理设计参数研究 [J]. 铁道建筑，2019(1)：90-93.
[19] 杨书生，柴强，蒋函珂，等 . 济青高速铁路聚氨酯固化道床的动力特性测试分析 [J]. 铁道建筑，2019(11)：106-109.
[20] LU M，MCDOWELL G R. The importance of modelling ballast particle shape in the discrete element method[J]. Granular Matter，2006，9(1/2)：69-80.
[21] 何国华，高春雷，王鹏，等 . 道床烘干冷却试验装置研究 [J]. 铁路建筑，2016（1）：80-83.
[22] 韩自力，郄录朝，王红，等 . 聚氨酯固化道床技术研究与应用 [J]. 中国铁路，2017（5）：1-6.
[23] 郄录朝，王红，陈宏，等 . 聚氨酯固化道床线路运营与维护 [J]. 中国铁路，2017（5）：7-12.
[24] 郄录朝，王红，徐旸，等 . 大西高铁聚氨酯固化道床施工中轨道变形控制措施研究 [J]. 中国铁道科学，2018（4）：1-7.
[25] 董全霄，李书明，郑新国，等 . 温度对聚氨酯固化材料力学性能的影响 [J]. 中国塑料，2018（9）：36-41.
[26] 周佳亮，高春雷，王发灯，等 . 聚氨酯固化道床施工设备监控系统研究 [J]. 中国铁路，2017（6）：59-63.
[27] 钟发春，傅依备，尚蕾，等. 聚氨酯弹性体的结构与力学性能 [J]. 材料科学与工程学报，2003（2）：211-214.
[28] 何亚东. 聚合物微发泡材料制备技术应用研究进展 [J]. 塑料，2004（5）：9-15.
[29] CUNDALL P A. A discrete numerical model for granular assemblies[J].

Geotechnique，1979，29(1)：47-65.
[30] INDRARATNA B，THAKUR P K，VINOD J S. Experimental and numerical study of railway ballast behavior under cyclic loading[J]. International Journal of Geomechanics，2010，10(4)：136-144.
[31] LIM W L. Mechanics of railway ballast behaviour[D]. United Kingdom：University of Nottingham，2004.
[32] KOZICKI J，TEJCHMAN J，MTÓZ Z. Effect of grain roughness on strength，volume changes，elastic and dissipated energies during quasi-static homogeneous triaxial compression using DEM[J]. Granular Matter，2012，14(4)：457-468.
[33] MCDOWELL G R，LU M. Discrete element modelling of railway ballast under monotonic and cyclic triaxial loading[J]. Géotechnique，2010，60(6)：459-467.
[34] LARYEA S，SAFARI BAGHSORKHI M，FERELLEC J，et al. Comparison of performance of concrete and steel sleepers using experimental and discrete element methods[J]. Transportation Geotechnics，2014，1(4)：225-240.
[35] FERELLEC J F，MCDOWELL G R. A simple method to create complex particle shapes for DEM[J]. Geomechanics and geoengineering：An international journal，2008（3）：211-216.
[36] HUANG H. Discrete element modeling of railroad ballast using imaging based aggregate morphology characterization[D]. Urbana：University of Illinois at Urbana champaign，2009.
[37] MISHRA D，QIAN Y，HUANG H，et al. An integrated approach to dynamic analysis of railroad track transitions behavior[J]. Transportation Geotechnics，2014，1(4)：188-200.
[38] AL-ROUSAN T，MASAD E，TUTUMLUER E，et al. Evaluation of image analysis techniques for quantifying aggregate shape characteristics[J]. Construction and Building Materials，2007，21(5)：978-990.
[39] FERNLUND J M R. Image analysis method for determining 3-D shape of coarse aggregate[J]. Cement and Concrete Research，2005，35(8)：1629-1637.
[40] MASAD E，SAADEH S，AL-ROUSAN T，et al. Computations of particle surface characteristics using optical and X-ray CT images[J]. Computational Materials Science，2005，34(4)：406-424.

[41] WANG L，WANG X，MOHAMMAD L，et al. Unified method to quantify aggregate shape angularity and texture using fourier analysis[J]. Journal of Materials in Civil Engineering，2005，17（5）：498-504.

[42] ANOCHIE-BOATENG J K，KOMBA J J，Mvelase G M. Three-dimensional laser scanning technique to quantify aggregate and ballast shape properties[J]. Construction and Building Materials，2013，43：389-398.

[43] SELIG E T，WATERS J M. Track geotechnology and substructure management[M]. London：Thomas Telford，1994.

[44] TENNAKOON N，INDRARATNA B. Behaviour of clay-fouled ballast under cyclic loading[J]. Geotechnique，2014，64(6)：502-506.

[45] INDRARATNA B，TENNAKOON N，NIMBALKAR S，et al. Behaviour of clay-fouled ballast under drained triaxial testing[J]. Geotechnique，2013，63(5)：410-419.

[46] QIAN Y，BOLER H，MOAVENI M，et al. Characterizing ballast degradation through Los Angeles Abrasion test and image analysis[J]. Transportation Research Record：Journal of the Transportation Research Board，2014，2448：142-151.

[47] HOFER V，BACH H，LATAL C，et al. Impact of geometric and petrographic characteristics on the variability of LA test values for railway ballast[J]. Mathematical Geosciences，2013，45(6)：727-752.

[48] LIM W L，MCDOWELL G R. Discrete element modelling of railway ballast[J]. Granular Matter，2005，7(1)：19-29.

[49] 张振超，赵春发，张徐 . 加载位置对道砟静态压碎形式的影响研究 [J]. 铁道建筑 . 2014(11)：152-156.

[50] 张徐，赵春发，翟婉明 . 铁路碎石道砟静态压碎行为数值模拟 [J]. 西南交通大学学报 . 2015(1)：137-143.

[51] YAN Y，ZHAO J，JI S. Discrete element analysis of breakage of irregularly shaped railway ballast[J]. Geomechanics and Geoengineering，2014，10(1)：1-9.

[52] INDRARATNA B，LACKENBY J，CHRISTIE D. Effect of confining pressure on the degradation of ballast under cyclic loading[J]. Géotechnique，2005(4)：325-328.

[53] INDRARATNA B，KHABBAZ H，SALIM W，et al. Geotechnical properties

of ballast and the role of geosynthetics in rail track stabilisation[J]. Ground Improvement，2006(3)：91-101.

[54] TOLPPANEN P，STEPHANSSON O，STENLID L. 3-D degradation analysis of railroad ballast[J]. Bulletin of Engineering Geology and the Environment，2002，61(1)：35-42.

[55] STUDENT R P J G，PLESHA P M E，EDIL P T B，et al. DEM simulation of particle damage in granular media — structure interfaces[J]. International Journal of Geomechanics，2001，1(1)：21-39.

[56] LOBO-GUERRERO S，VALLEJO L E. Discrete element method analysis of railtrack ballast degradation during cyclic loading[J]. Granular Matter，2006，8(3/4)：195-204.

[57] ELGHEZAL L，JAMEI M，GEORGOPOULOS I O. DEM simulations of stiff and soft materials with crushable particles：an application of expanded perlite as a soft granular material[J]. Granular Matter，2013，15(5)：685-704.

[58] HUANG H，TUTUMLUER E. Discrete element modeling for fouled railroad ballast[J]. Construction and Building Materials，2011，25(8)：3306-3312.

[59] 季顺迎，苏勇，严颖. 含沙铁路道砟弹性模量和沉降量的试验研究 [J]. 铁道科学与工程学报，2011(2)：47-52.

[60] 许永贤，曾树谷，张文升. 采石场道砟破碎筛分工艺改进技术研究 [J]. 铁道建筑，2007(9)：97-99.

[61] NIMBALKAR S S，INDRARATNA B，RUJIKIATKAMIORN C，et al. Effect of coal fines on the shear strength and deformation characteristics of ballast[C]. 2012.

[62] 李庆民. 既有铁路道床脏污状态红外测量技术的研究 [J]. 铁道建筑技术. 2008（增刊 2）：292-295.

[63] FELDMAN F，NISSEN D. Alternative testing method for the measurement of ballast fouling：Percentage void contamination[C]. 2002.

[64] INDRARATNA B，SU L，RUJIKIATKAMJORN C. A new parameter for classification and evaluation of railway ballast fouling[J]. Canadian Geotechnical Journal，2011，48(2)：322-326.

[65] SUIKER A，SELIG E T，FRENKEL R. Static and cyclic triaxial testing of ballast and subballast[J]. Journal of Geotechnical and Geoenvironmental.

Engineerjng，2005，131(6)：771-782.
[66] DIYAIJEE V A. Repeated load aggregate degradation[C]. 2002.
[67] HIRAKWA D，KAWASAKI H，TATSUOKA F，et al. Effects of cyclic loading conditions on the behaviour of railway track in the laboratory model tests[C]. 2002.
[68] PLENGE M，LAMMERING R. The dynamics of railway track and subgrade with respect to deteriorated sleeper support[M]. Berlin：Springer Berlin Heidelberg，2003.
[69] AURSUDKIJ B，MCDOWELL G R，COLLOP A C. Cyclic loading of railway ballast under triaxial conditions and in a railway test facility[J]. Granular Matter，2009，11(6)：391-401.
[70] INDRARATNA B，NIMBALKAR S. Stress-Strain degradation response of railway ballast stabilized with geosynthetics[J]. Journal of Geotechnical and; Geoenvironmental Engineering，2013，139(5)：684-700.
[71] INDRARATNA B，HUSSAINJ K K，VINOD J S. The lateral displacement response of geogrid-reinforced ballast under cyclic loading[J]. Geotextiles and Geomembranes，2013，39: 20-29.
[72] INDRARATNA B，NAVARATNARAJAH S，NIMBALLKAR S，et al. Use of shock mats for enhanced stability of railroad track foundation[J]. Australian Geomechanics Journal，2014（4）: 101-111.
[73] HUANG H，SHEN S，TUTUMLUER E. Sandwich model to evaluate railroad asphalt trackbed performance under moving loads[J]. Transportation Research Record Journal of the Transportation Research Board，2009，2117: 57-65.
[74] HUANG H，SHEN S，TUTUMLUER E. Moving load on track with asphalt trackbed[J]. Vehicle System Dynamics，2010，48（6）: 737-749.
[75] QIAN Y，TUTUMLUER E，HUANG H. Ballast vibrations and deformations due to different train loading scenarios studied using the discrete element method[C]. 2011.
[76] TUTUMLUER E，QIAN Y，HASHASH Y M A，et al. Discrete element modelling of ballasted track deformation behaviour[J]. International Journal of Rail Transportation，2013，1（1/2）: 57-73.
[77] QIAN Y，TUTUMLUER E，MISHRA D，et al. Effect of geogrid

reinforcement on railroad ballast performance evaluated through triaxial testing and discrete element modeling[C]. 2013.

[78] QIAN Y，MISHRA D，TUTUMLUER E，et al. Discrete element modeling of ballast reinforced with triangular aperture geogrid[C]. 2013.

[79] QIAN Y，TUTURMLUER E，HUANG H. A validated discrete element modeling approach for studying geogrid-aggregate reinforcement mechanisms[J]. Geo-frontiers Congress，2011：4653-4662.

[80] BAESSLER M，RUECKER W. Track settlement due to cyclic loading with low minimum pressure and vibrations[M].Berlin：Springer Berlin Heidelberg，2003：337-356.

[81] 佐藤吉彦，周柔琴 . 新轨道破坏理论 [J]. 铁道建筑，1980(1)：25-27.

[82] 平野雅之，周柔琴 . 采用新轨道破坏理论试算轨道下沉量 (上)[J]. 铁道建筑 . 1981(6)：31-35.

[83] 平野雅之，周柔琴 . 采用新轨道破坏理论试算轨道下沉量 (下)[J]. 铁道建筑 . 1981(7)：35-36.

[84] DOGNEON P. The experimental deternination of the axial and lateral track-ballast resistance [J]. Railroad Track Mechanics and Technology，1978：171-196.

[85] KRUSE H，POPP K. Model-based investigation of the dynamic behaviour of railwayballast[M].Berlin：Springer Berlin Heidelberg，2003：275-294.

[86] MAUER L. An interactive track-train dynamic model for calculation of track error growth[J]. Vehicle System Dynamics，1995，24：209-221.

[87] 胡仁伟，王红，赵国堂 . 道砟动三轴试验研究 [J]. 中国铁道科学，2001(2)：104-109.

[88] 曾树谷，苏小楼，栾承高 . 道床物理、力学性能的试验研究 [J]. 中国铁道科学，1984(1)：60-71.

[89] 曾树谷 . 重载轨道结构的动力试验 [J]. 铁道学报，1988(2)：66-77.

[90] 曾树谷 . 重载轨道结构的破坏和设计 [J]. 铁道学报，1983(3)：82-92.

[91] 王斌，包进荣，杨冠岭，等 . 道砟胶对道床参数的影响研究 [J]. 铁道标准设计，2010(11)：14-16.

[92] 刘卫星，王午生 . 铁路碎石道床动刚度与阻尼的试验研究 [J]. 铁道学报，2002(6)：99-104.

[93] 何永春，王午生 . 铁路轨道高低不平顺的预测及其应用 [J]. 上海铁道大学学报，1999(2)：68-74.
[94] 高建敏，翟婉明，徐涌 . 有砟轨道下沉变形参数影响分析 [J]. 交通运输工程学报，2007(4)：15-20.
[95] 高建敏，翟婉明 . 车辆轨道耦合动力学在轨道下沉研究中的应用 [J]. 西南交通大学学报，2007(4)：431-435.
[96] 高建敏，翟婉明 . 铁路有砟轨道下沉破坏研究进展 [J]. 铁道学报，2008(5)：97-104.
[97] 翟婉明，林建辉，王开云 . 铁路道床振动的理论模拟与试验研究 [J]. 振动工程学报，2003(4)：16-20.
[98] 韩义涛，姚力，王瑶 . 胶济线涵顶铺设弹性轨枕的动力分析研究 [J]. 铁道建筑，2007(9)：82-84.